소목 정석

1. 낮은 걸침 이후

소목 정석 1. 낮은 걸침 이후

초판 1쇄 발행   2024년 10월 25일

지은이   이하림
발행인   조상현
마케팅   조정빈
발행처   더디퍼런스

등록번호   제2018-000177호
주소   경기도 고양시 덕양구 큰골길 33-170
문의   02-712-7927
팩스   02-6974-1237
이메일   thedibooks@naver.com
홈페이지   www.thedifference.co.kr

독자여러분의 소중한 원고를 기다리고 있습니다. 많은 투고 부탁드립니다.

ISBN 979-11-6125-514-9 13690

매일 트이는
AI 바둑 핸드북

소목 정석

1. 낮은 걸침 이후

이하림 지음

더디퍼런스

●

들어가는 말

●

"바둑의 신이 있다면 인간의 최고수와 몇 점이면 적당할까?" 오래 전부터 이런 궁금증이 있었습니다. 그동안 인간은 두점 접바둑이면 이긴다고 자신감에 넘치기도 했지만 막상 신급 존재인 인공지능(AI)이 등장하자 넉점에도 목숨을 걸기 어려운 시대가 되었습니다. AI등장 초기에는 그래도 해볼만하다는 생각이 있었는데 AI가 진화에 진화를 거듭하면서 지금은 바둑의 적수가 아닌 스승으로 받아들이기에 이르렀습니다.

AI시대에는 생각지도 못했던 기술이 창궐합니다. AI가 보여주는 바둑의 세계는 정말 신비롭지요. 상식을 벗어난 수가 신기하게도 힘을 발휘하는 등 상황에 따라 변신하는 둔갑술의 천재입니다. 인간은 보이는 힘만 믿지만 AI는 보이지 않는 힘으로 세밀하게 분석하고 종합적 판단을 내립니다.

특히 바둑의 초반은 감성과 감각이 지배하는 시공간이며 단순 인공지능의 계산으로는 인간지능을 넘을 수 없는 금기의 영역이었는데, 더욱 강력해진 인공지능은 이런 고정관념을 보기 좋게 깨뜨리며 인간의 감성을 압도했습니다. 미지의 세계인 초반에도 신출귀몰한 AI는 거침없이 계산을 하며 이에 따라 정석과 포석에서도 혁명이 일어났습니다.

그동안 인공지능이 차가운 이성으로 인간 바둑의 세계를 파헤쳐왔다면 이제는 인공지능 바둑의 심오한 세계를 인간의 따뜻한 감성으로 분석할 차례입니다. 이 책의 기획 배경은 이처럼 달라진 바둑 수법을 AI의 새로운 시각으로 보여주려는 데 있습니다.

정석 분야에서는 주로 사용하는 화점과 소목이 대상인데, 화점 정석에서는 핸드북 네 권의 시리즈로 완결했습니다. 이번에는 소목 정석이 과제인데, 그중에서 '소목 정석 1'은 낮은 걸침에 대해, '소목 정석 2'는 높은 걸침에 대해 다룰 예정입니다.

본문은 유형별로 이어지며, 보충 학습을 위해 필요에 따라 유형 말미에 '원포인트 레슨'을 넣었고, 입체적 학습을 위해 각 파트의 말미에 '실전 정석활용'을 실었습니다.

전반적으로 낮은 단계에서 높은 단계까지 두루 독자의 수준에 맞춰 AI 시대를 관통하는 정석의 길잡이로 삼을 수 있도록 체계적이고 실전적이며 흥미롭게 꾸미고자 노력했습니다.

바둑의 신을 상상했던 세계가 현실이 되었습니다. 우리가 AI로부터 배울 점은 종합적 관점에 의한 대세적 안목과 열린 사고에 의한 창의적 발상입니다. 이 책에는 AI로부터 전수받은 다양한 정석과 변화들이 등장하지만 사실 AI는 정석이란 무엇인지도 모릅니다. 어차피 AI는 말이 없습니다. 오직 계산하고 판에다 실천할 뿐입니다. 전체 국면의 일부분인 정석도 인간의 언어인 만큼 어떻게 활용할지는 전국을 바라보는 여러분의 안목에 달렸겠지요.

더불어 AI시대에 바둑을 즐기면서 실력을 늘리는 비결은 모양에 구애받지 않는 자유자재한 인공지능의 냉정한 계산에 모양을 중시하는 인간의 예술적 열정으로 생명을 불어넣는 조화로운 공존 아닐까요.

 차례

1부 ☞ 수비 정석

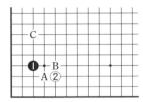
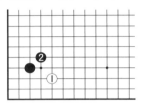
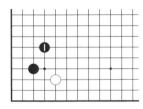
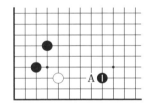
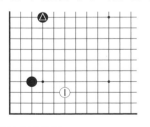

2부 ☞ 공격 정석1 (한칸 협공)

6형 한칸협공에 한칸뜀과 날일자씌움

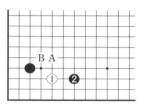

7형 날일자씌움에 나와끊음

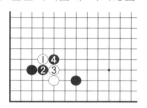

8형 한칸협공에 변과 귀의 붙임

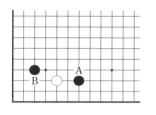

9형 한칸높은협공에 뛰어나감

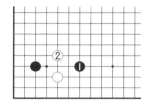

10형 한칸높은협공에 날일자 진출

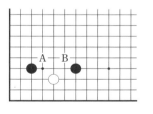

11형 한칸높은협공에 귀와 변의 붙임

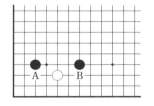

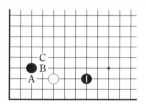
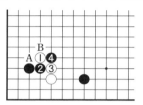
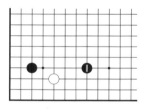
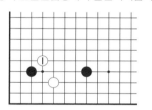
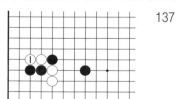
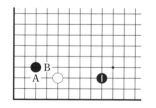

18형 세칸협공에서 능동적인 씌움

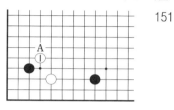

실전 정석활용

1부
수비 정석

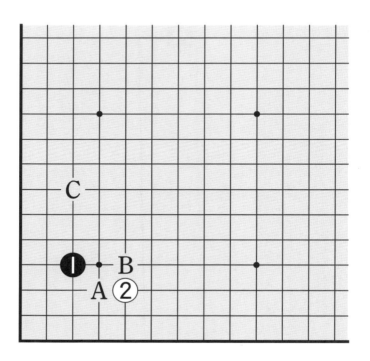

    흑1의 소목은 귀를 한 수로 결정하지 않은 만큼 이후 걸침에 따라 다음 작전을 구상하겠다는 뜻이다. 백2의 날일자는 실리 위주의 보편적인 걸침이다.

    소목 정석의 첫출발은 상대에 기대서 귀를 지키려는 A와 B의 붙임, 그리고 C의 수비형 벌림에 대해서 알아본다. 특히 A의 마늘모붙임은 실전에 자주 등장한다.

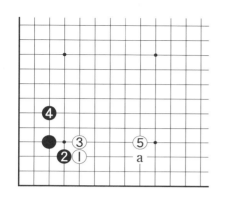

1도(간명한 정석)

백1에 흑2, 4로 귀의 실리를 지키는 것은 두터움을 허용해 한때 속수로 간주했지만, AI가 애용하면서 실전에서 간명하게 두고 싶을 때 자주 사용한다. 백은 5로 높게 벌리는 것이 보통이며 실리를 중시하면 a로 낮게 벌린다.

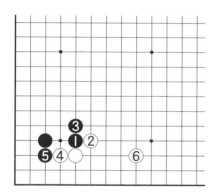

2도(흑, 손해)

화점에서 위붙임은 각광받지만, 소목에서 흑1로 붙이고 나서 6까지 되면 화점에 비해 귀의 근거가 빈약해서 약간 흑의 손해이다.

실전에서 거의 사용하지 않는 이유이다.

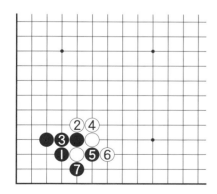

3도(노골적인 실리 행마)

앞 그림 백2 때 흑1의 호구는 노골적인 실리 행마이다.

백2의 단수가 아프지만 4로 이으면 흑도 5, 7로 한점을 잡아서 그럭저럭 균형이 잡힌다.

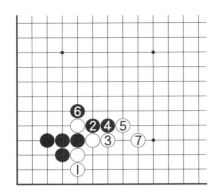

4도(하변 두터움)

앞 그림 흑3 때 백1로 내려서는 것이 유연하다.

흑2로 끊은 후 7까지 AI가 제시하는 변화인데, 하변이 두터운 백이 충분하다.

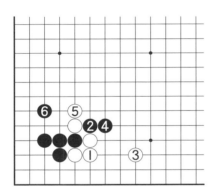

5도(어려운 싸움)

이 시점에서 하변 백1로 잇는 것은 찬성할 수 없다.

흑2로 끊고 이하 6까지 AI의 변화인데 서로 어려운 싸움이다.

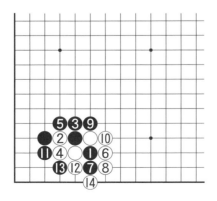

6도(백, 월등)

2도 백2 때 흑1로 끊는 것은 이하 백6에 흑7로 키운 후 바깥을 조이며 두텁게 하려는 뜻이지만 14까지 두점을 잡은 백의 두터움이 월등하다.

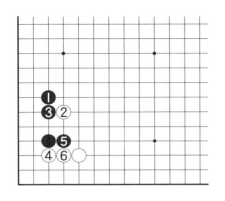

7도(흑이 아쉬운 결말)

처음으로 돌아와서, 흑1의 두칸 벌림은 소극적 수비 행마이다.

백2, 4의 수순은 귀에서 활용을 극대화하려는 뜻이다. 흑5, 백6으로 처리하면 간명하지만 귀를 쉽게 허용해서 흑이 약간 아쉬운 결말이다.

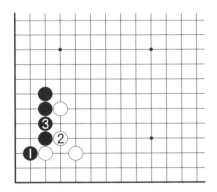

8도(흑의 굴복)

앞 그림 백4 때 흑1 젖힘이 보통이고 백2에 흑3으로 연결하면 안전하지만, AI 안목에서는 백이 활동적 모양이 되어 흑의 굴복으로 본다.

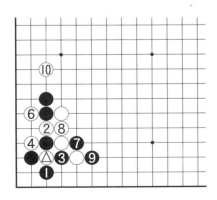

9도(단수가 기세)

앞 그림 백2 때, 흑도 1의 단수가 일단 기세이다.

백2로 되단수친 후 10까지 AI가 추천하는 변화인데, 백도 좌변 두점을 제압하면 불만 없다.

❺‥Ⓐ

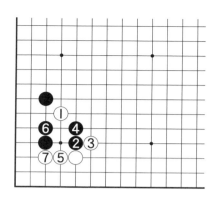

10도(의욕이 앞선 행동)

백1에 어깨 짚을 때 흑2로 붙여 나가는 것은 의욕이 앞선 행동이다. 백3 이하 7까지 되면 AI 안목에서 8도와 마찬가지로 백이 활동적 흐름으로 본다.

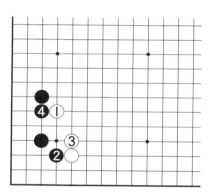

11도(귀와 변을 지키는 수순)

백1에는 흑도 2, 4의 수순으로 귀와 변을 지키면 잘된 결과이며, AI 안목에서 호각으로 본다.

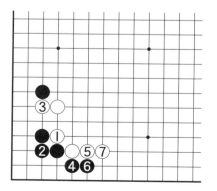

12도(백의 능동적 타협)

앞 그림 흑2 때 백1이 효율적 맥이며, 흑2에 백3의 차단이 강수이다. 이하 7까지 되면 AI는 백의 능동적 타협으로 본다.

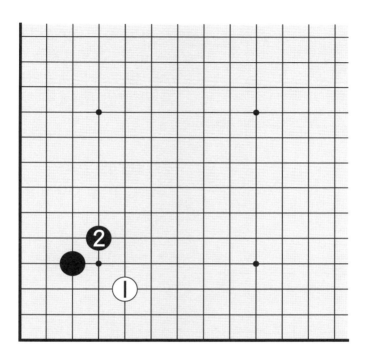

    백1의 날일자걸침에 흑2의 마늘모는 가장 견실하면서도 두터운 수비법이다.

    과거 절대 강자였던 슈사쿠가 애용해서 '슈사쿠의 마늘모'로 알려진 필승 전법인데, 오늘날 AI의 눈으로도 높게 평가받고 있다.

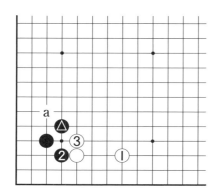

1도(안정적 두칸벌림)

백1의 두칸은 안정적 벌림으로 많이 둔다.

이때 흑2로 붙이면 백3으로 '이립이전'의 비효율이 되지만, 흑도 ⓐ가 a 자리보다 엷은 만큼 우열을 논할 단계가 아니다.

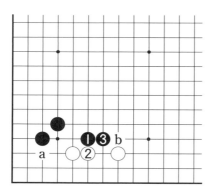

2도(눌러가는 경우)

흑은 1, 3으로 두텁게 눌러가며 둘 수도 있다.

다음 백은 상황에 따라 a로 귀에 붙여 안정하거나 b로 중앙에서 맞서도 된다.

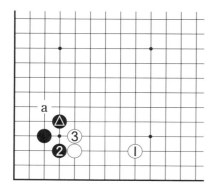

3도(이립삼전 허용)

처음으로 돌아가서 백1의 세칸벌림도 많이 둔다. 이때 흑2로 붙이면 백3으로 '이립삼전'의 좋은 모양을 허용해서 흑이 바람직하지 않다. 이 모양은 흑ⓐ가 a에 있어야 완전하다.

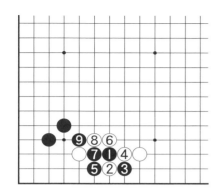

4도(세칸벌림에 침입)

세칸벌림에 흑1로 침입하면 어떻게 대처할까. 백2의 2선 붙임이 예전부터 두었던 하나의 방안이다. 흑은 3 이하 9까지 끊어가는 것이 강수이며~

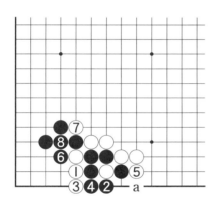

5도(상용 변화)

백1, 3을 사석으로 활용하며 8까지 상용 변화인데, 일단 AI는 흑의 실리가 좋다고 진단한다.

백도 a쪽이 선수인 만큼 두터워서 상황에 따라 둘 수 있다.

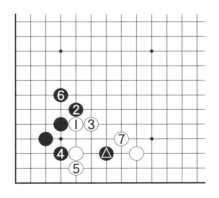

6도(고전 정석)

흑▲의 침입에 백1로 기대어 이하 7까지 되면 한때 상용했던 고전 정석인데, 결과만 놓고 보면 AI의 눈으로도 호각으로 본다.

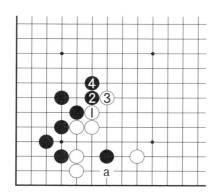

7도(백, 활발)

백은 앞 그림 7로 지키지 말고 이 그림 1, 3으로 중앙에서 경합하는 것이 능동적이다.

하변은 a의 연결고리가 있으므로 이렇게 두면 백이 활발하다는 AI의 진단이다.

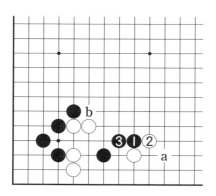

8도(어려운 싸움)

6도 백5 때 흑도 1로 붙여 하변을 움직일 수 있다. 백2면 흑3. 다음 백은 a나 b를 선택하게 되며 서로 어려운 싸움이다.

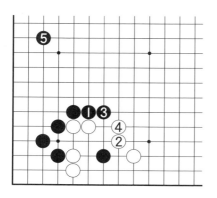

9도(흑, 세력 활용)

흑1, 3으로 힘차게 결정한 후 5로 세력을 크게 활용하는 것도 AI가 추천하는 변화이다. 수순 중 백2, 4는 AI가 알려주는 수비법인데 서로 타협 흐름이다.

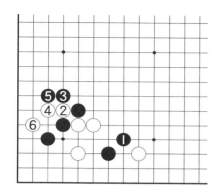

10도(통렬한 끊음)

6도 백3 때 흑이 좌측 약점을 지키지 않고 1로 나가면 백2의 끊음이 통렬하다.

흑3, 5로 백이 몰리는 듯 보여도 6의 마늘모 행마가 교묘하다.

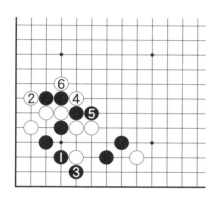

11도(백, 만족)

이다음 흑이 귀부터 지킨다면 1, 3으로 넘고 백은 그동안 6까지 좌변 두점을 잡아서 만족이다.

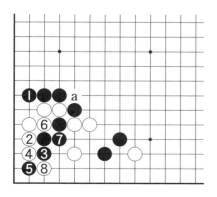

12(귀에 파고들어 끊음)

10도 다음 흑1로 추궁하면 백2, 4로 파고든다. 이때 흑5로 젖히면 백6, 8로 끊는 수가 작렬한다.

이러면 당장 수상전은 조임으로 힘들고 흑이 a의 약점도 있어 불리한 흐름이다.

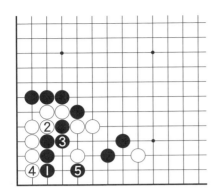

13도(유연한 버팀)

앞 그림 백4 때 흑도 1로 늘고 백 2, 4에 흑5로 붙이는 것이 유연한 버팀이다.

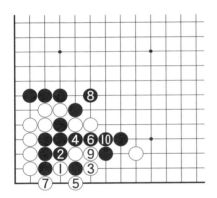

14도(타협 수순)

이다음 백1로 끼워 추궁하면 흑2 이하 6까지 돌파하고 백도 7로 넘는 타협 수순을 기억해둔다.

다음 흑8로 지키고 백9에 흑 10. 서로 모양을 정비하면 AI 기준에서 선수인 백이 약간은 기분 좋다.

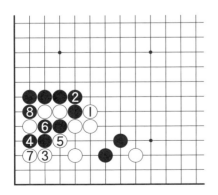

15도(선수 조임)

이 시점에서 백1의 단수를 결정하고 3으로 붙인 후 8까지 귀를 선수로 조일 수 있다면 백이 절대 우세한 국면이다.

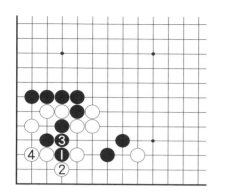

16도(적절한 반발)

앞 그림 백3 때 흑1, 3으로 끼워 잇는 것이 적절한 반발이다.

　백4에 늘면~

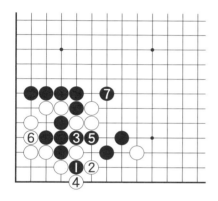

17도(교묘한 맥)

흑1의 끊음이 3, 5로 돌파하는 교묘한 맥이다.

　다음 백6에 이을 때 흑7로 석 점을 제압하면, AI 기준에서 중 앙이 두터운 흑이 후수라도 약간 기분 좋은 타협이다.

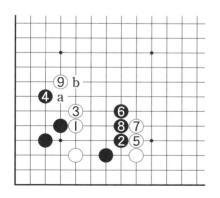

18도(백이 주도하는 싸움)

거슬러 올라가 백1로 기댈 때 흑 2로 곧장 나가면 백3이 힘차다. 흑4로 받으면 백5로 몰면서 9까 지 백이 주도하는 싸움이다.

　다음 흑a의 반격이 걱정되면 백9는 b로 뛰는 것도 무난하다.

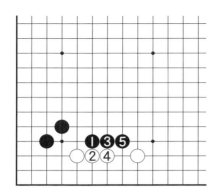

19도(눌러가는 경우)

되돌아가서 흑이 침입하는 대신 두텁게 두자면 1 이하 5로 눌러 갈 수 있는데, 흑5는 실전이라면 선수를 위해 생략하는 경우도 많다. 백은 자연스럽게 실리로 전향하는 흐름이 된다.

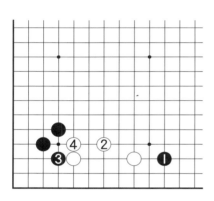

20도(변에서 다가섬)

흑1로 변에서 다가서면 백2로 지키는 것이 가장 안정적인데, 흑3에는 백4로 올라서는 것이 AI가 볼 때 보편적인 행마이다.

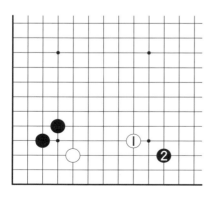

21도(허술한 벌림)

처음으로 돌아가서, 마늘모 수비에서 백1로 높게 벌리는 것은 모양이 허술해서 보통은 바람직하지 않다. 흑2로 다가설 때가 문제인데~

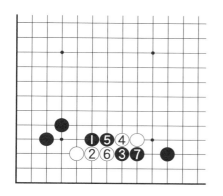

22도(양쪽을 가르는 행마)

백이 손을 빼면 흑1, 3으로 양쪽을 가르는 행마가 그럴듯하다.

다음 백이 어떻게 해도 연결은 불가능한데 가령 알기 쉽게 7까지 되면 백이 재미없다.

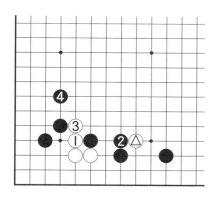

23도(돌파하는 경우)

앞 그림 흑3 때 백은 1, 3으로 돌파하는 것이 낫지만 △가 차단되어 약간 아쉽다.

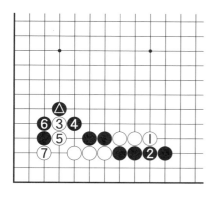

24도(날일자 수비의 경우)

참고로 흑△의 날일자 수비의 경우라면 백이 높게 벌려도 무방한데, 22도처럼 진행되더라도 백1 다음 3으로 붙여 7까지 귀에서 보기 좋게 수습할 수 있다.

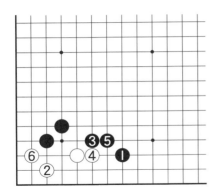

25도(상용 협공)

실전에서는 마늘모 수비에 백이 손을 빼는 경우도 많은데, 그러면 흑1의 두칸이 상용 협공이다.

백이 안정을 원한다면 2 이하 6까지 귀에 근거를 잡는다. 대신 흑은 중앙을 봉쇄해서 두텁다.

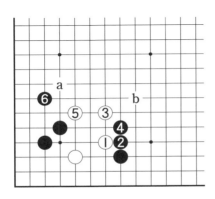

26도(행마의 리듬)

백이 중앙으로 나가자면 우선 1, 3이 가벼운 행마이다. 흑은 4, 6의 수순으로 추격하며 지키는 것이 행마의 리듬이다. 다음 백은 a나 b를 선택할 수 있다.

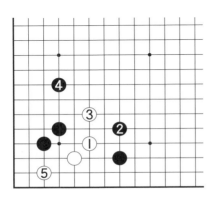

27도(간단명료한 행마법)

백1, 3이 최근 실전에서 많이 등장하는 탄력적인 중앙 진출이며 흑4로 벌리면 백5로 귀에 진입한다. AI가 추천하는 간단명료한 행마법이다.

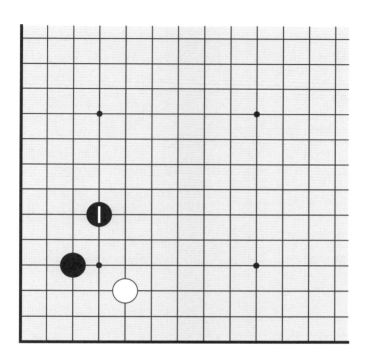

소목 날일자걸침에서 흑1의 날일자받음도 많이 사용
하는 귀의 수비법이다.

마늘모받음에 비해 변을 향해서는 효율적이지만 귀는
상대적으로 엷은데, 기본 변화에 대해 알아본다.

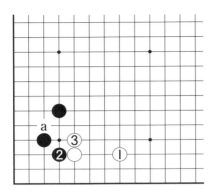

1도(안정적 두칸벌림)

귀의 날일자 수비에도 백1의 두 칸은 안정적 벌림이다. 흑2와 백 3이 교환되면 '이립이전'으로 불 만이지만 흑도 a쪽이 엷어 부담 이 된다. 실전이라면 흑2에 백이 손을 빼고 두기도 하므로 흑의 이득이라 볼 수 없다.

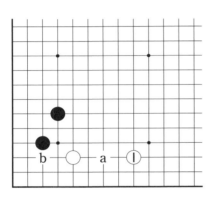

2도(능동적 세칸벌림)

백1의 세칸은 능동적인 벌림이 다. 백이 a의 침입은 허용해도 b 쪽 귀에 수단이 생기므로 대응하 기 어렵지 않다.

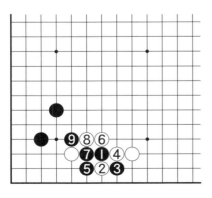

3도(침입에 붙임)

흑1의 침입에 백2로 붙이면 흑3 이하 9까지 끊어가는 것은 2형에 서도 보았던 상용 수순이며~

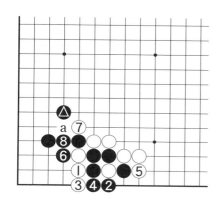

4도(흑의 실리가 월등)

백1, 3을 사석으로 활용한 후 8
까지도 상용 처리법이었다.

　백도 두터움으로 버티려는 생
각이지만, a가 아닌 ◬ 자리에서
는 흑의 실리가 월등해서 AI는
백이 바람직하지 않은 진행으로
본다.

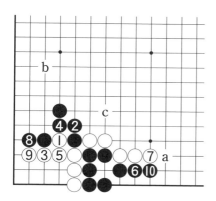

5도(귀를 살리는 것이 우선)

앞 그림 흑4 때, AI는 백도 1로
단수친 후 9까지 귀를 살리는 것
이 우선으로 본다.

　흑10 다음 백이 a로 늘면 미흡
하고, b나 c를 선택하면 호각으
로 본다.

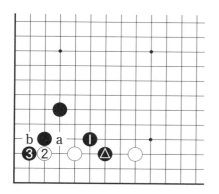

6도(귀의 뒷맛)

실전이라면 흑◬에 백은 맞부딪
쳐 싸우기보다 손을 빼고 관망하
기도 한다.

　흑1로 포위해도 백2 다음 a나
b로 귀의 뒷맛을 이용해 수습할
여지가 남아있다.

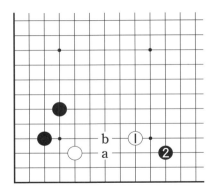

7도(높은 벌림의 경우)

귀의 날일자 수비에서는 백1의 높은 벌림도 중앙까지 고려한 넓은 안목으로 많이 둔다.

　세칸이라도 높을 때는 흑a의 침입에 백b의 붙임이 제격이다. 또 흑2로 다가설 때 백이 손을 빼도 큰 우려가 없다.

8도(백의 주문)

백이 벌리는 대신 귀부터 둔다면 1의 붙임이 보통인데 이하 6까지 되면 서로 무난하지만 백이 귀에 안착하려는 주문은 통했다.

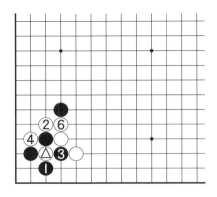

9도(흑의 반발)

앞 그림 백3 때 흑1로 반발하고 싶다.

　이때 백이 이으면 모양이 무너지므로 2로 되단수해서 6까지는 필연이다.

❺·△

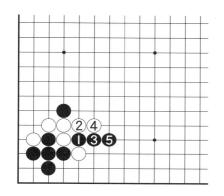

10도(실리 허용)

이다음 흑1로 약점을 끊으면 백의 다음 수가 궁한데, 알기 쉽게 밀어 5까지 된다면 실리를 허용해서 백이 불만이다.

따라서 8도 백이 귀에 단독으로는 붙이기 어렵다.

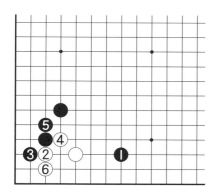

11도(두칸협공에서 백의 안정)

백이 손을 빼고 흑1로 두칸협공한다면 이제는 백도 2로 붙여 6까지 안정할 수 있다.

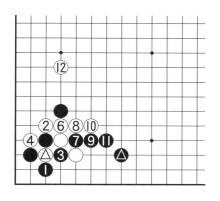

12도(흑, 불만)

앞 그림 백4 때도 흑1로 반발하면 역시 백은 2로 되단수해서 두지만 상황은 10도와 달라진다.

흑7로 끊을 때 백8, 10으로 밀어놓고 12로 된 결과를 보면 애초 협공했던 흑▲가 제 역할을 못한 점이 불만이다.   **5**·▲

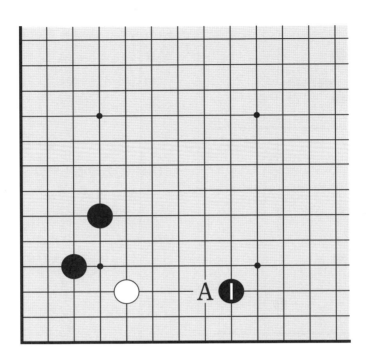

　이번에는 흑의 날일자 수비에서 백이 손을 빼는 경우 흑1의 세칸이 대표적 협공인데, 귀에서 어떤 변화들이 숨어있는지 알아본다.

　흑1은 상황에 따라 A의 두칸협공도 있겠지만, 유연하게 사용하는 세칸협공을 예로 든다.

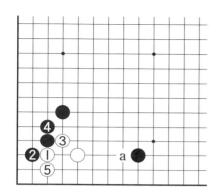

1도(무난한 안정)

우선 백1로 붙인 후 5까지 안정하면 a의 두칸협공에서도 보았듯이 서로 무난하다.

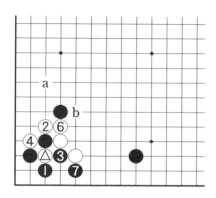

2도(흑이 반발하는 경우)

앞 그림 백3 때 흑1로 반발하면 백2로 되단수친 후 7까지 AI가 추천하는 타협의 길이다.

　다음 백은 a나 b를 선택할 수 있다.

3도(백, 쉽게 안정)

1도 흑2 때 백1의 맞끊음도 수습의 방안이다. 흑2로 한점을 잡고 이하 7까지 정리된다면 백이 쉽게 안정된다.

　AI 안목에서 백7은 a가 약간 능동적이고, 실전이라면 백이 손을 빼서 활발한 경우가 많다.

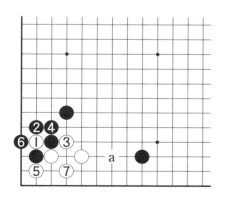

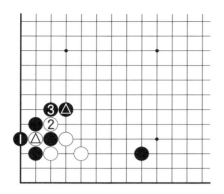

4도(백의 부담)

앞 그림 백3 때 흑1로 잡고 백2에 흑3으로 단수치는 것이 AI의 추천인데, 백이 4의 선패이지만 흑▲로 뻗은 모양이 힘차다.

차후 백이 팻감에 자신 없다면 이런 진행은 백의 부담으로 본다. ④··△

5도(흑, 두텁게 정리)

백이 맞끊을 때 흑1, 3을 선수하고 5로 잡는 것은 두텁게 정리하려는 뜻이다.

백도 6, 8로 안정하지만 AI 안목에서는 두터운 흑이 기분 좋다.

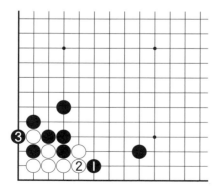

6도(백, 미생)

앞 그림 백6 때 흑1로 들여다보는 것은 백2로 이으면 흑3으로 잡겠다는 뜻이다.

앞 그림도 백이 미흡하다고 보는데, 이 진행이면 백이 미생으로 시달려 아주 불리하다.

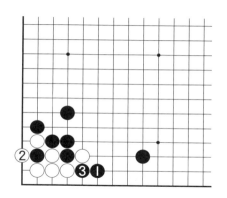

7도(타협 흐름)

흑1에는 백2로 한점을 잡고 귀에서 본진이라도 안정하는 것이 편하다.

흑도 3으로 끊어 두터운 성과를 얻었으니 이 진행이라면 타협 흐름이다.

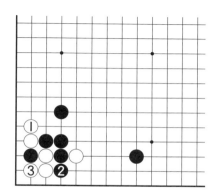

8도(서로 불만 없는 타협)

5도 흑3 때, AI는 좌변 백1로 나가는 것이 우선으로 본다.

흑2의 하변 돌파는 아프지만 백3으로 귀의 한점을 잡으면 서로 불만 없는 타협이다.

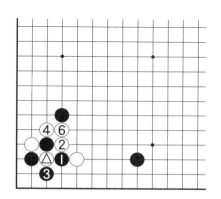

9도(2도로 환원)

애초 흑1로 단수칠 때 백2, 4로 돌려치고 6으로 이으면 2도로 환원되는 진행이다.

❺‥△

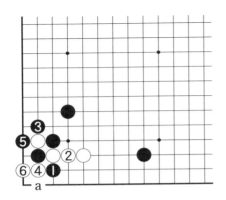

10도(타협이지만 소극적)

백이 맞끊을 때 흑1, 3으로 귀쪽에서 선수해놓고 잡는 것은 백 모양의 탄력을 주지 않으려는 뜻이다. 이때 백이 4, 6으로 귀의 한점을 잡아도 타협이지만 소극적이다. 차후 흑a면 귀가 미생인 것도 백의 부담이다.

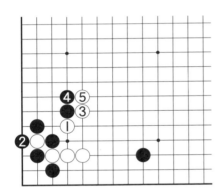

11도(교묘한 응수타진)

앞 그림 흑3 때 백1의 붙임이 교묘한 응수타진이다.

흑도 2로 따내는 것이 활용을 피하는 대응이며 백도 3, 5로 눌러 능동적 흐름이 된다.

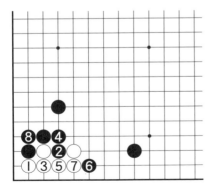

12도(백이 부담스런 흐름)

1도 흑2 때 백1의 젖힘도 상용 수습책이다.

흑2로 위에서 단수치고 4, 6으로 추궁할 때 백7로 이으면 흑도 8로 이어 백 미생이다. 백이 6도보다 낫지만 부담스런 흐름이다.

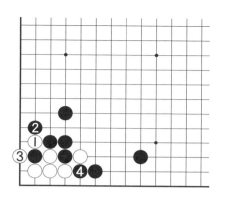

13도(7도로 환원)

앞 그림 흑6 때 백1, 3으로 한점을 잡는 것이 편하며 흑4로 끊으면 7도로 환원된다.

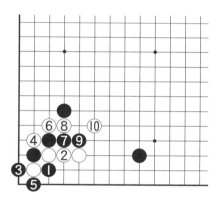

14도(준비된 대응)

백이 귀로 젖힐 때 흑1, 3으로 한점을 잡는 것은 실리 작전이다. 백은 4를 선수한 후 6 이하 10으로 씌우는 것이 준비된 대응이다.

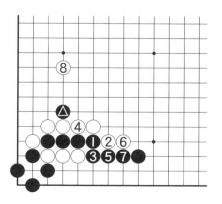

15도(백, 활발한 수습)

이다음 흑1로 나갈 때 백은 2 이하 6까지 하변을 눌러놓고 8로 모양을 구축하는 것이 최선의 정리법이다. 이 과정에서 흑▲도 제압했으니, AI 안목에서 백이 활발한 수습으로 본다.

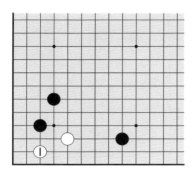

▦ 장면

이 장면에서 백이 1의 날일자로 귀에 진입하면 흑은 어떻게 대응할지 생각해보자.

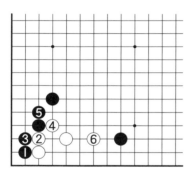

1도(백, 모양 좋게 안정)

흑1로 차단하면 백은 2, 4를 차곡차곡 선수한 후 6으로 모양 좋게 안정해서 잘된 결과이다.

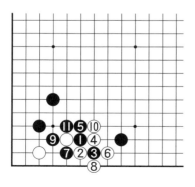

2도(배후 붙임이 급소)

흑1로 배후에서 붙이는 것이 급소인데, 백이 위나 아래로 젖히겠지만 좋은 결과는 없다. 아래 백2로 젖힐 경우 흑도 3의 젖힘이 강수이며 이하 11까지 AI의 변화인데, 흑이 충분한 결과로 본다.

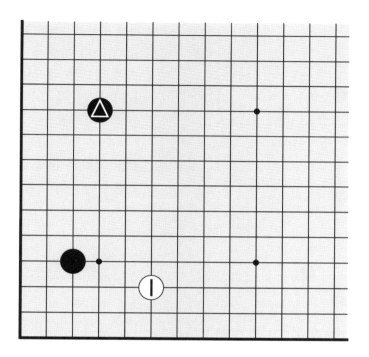

소목에 백1의 눈목자걸침은 귀와 거리가 떨어진 만큼 실리보다는 변을 중시하며 유연하게 두려는 수비적 발상이다.

보통은 흑▲와 같은 상대 병력이 포진할 때 국면을 넓게 사용하려는 전략적 선택인데, 이후의 핵심 변화에 대해 알아본다.

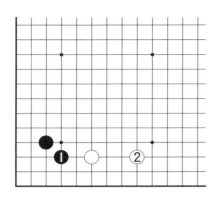

1도(눈목자걸침의 기본)

백1의 눈목자걸침에서 흑2의 마늘모로 지키고 백3으로 두칸 벌리면 가장 기본적인 변화인데, 아무런 조건 없이 이렇게 둔다면 보통 귀에 실리를 허용한 백이 불만이다.

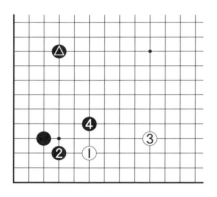

2도(엷지만 발빠른 전략)

보통 흑▲로 배후에 상대 우군이 있을 때 이를 견제할 목적으로 백1의 눈목자걸침을 둔다.

흑2에 백3의 세칸높은벌림은 엷지만 발빠른 전략인데, 흑4로 중앙에서 추궁하면 백이 손을 빼고 둔다는 계산이다.

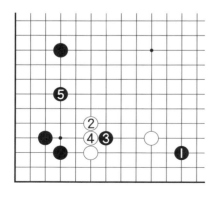

3도(서로의 중앙 요소)

앞 그림 백3 때 흑1로 변에서 다가서면 백2로 보강하며 서로의 중앙 요소를 선점한다.

흑도 3으로 활용하며 5로 지키는 것이 능동적 대응이다.

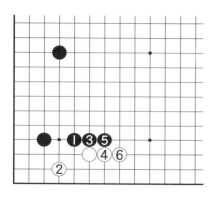

4도(단순명료)

흑1의 한칸은 귀가 열렸지만 중앙에 뜻을 둔다. 백2로 귀에 진입할 때 흑이 3 이하 6까지 밀면서 단순명료하게 모양을 키울 수 있다. 대신 실리를 허용하므로 세력을 효과적으로 운영하지 못한다면 집 부족이 된다.

5도(예전의 정석)

앞 그림 백2 때 변에서 흑1의 압박도 일책이다.

백2로 나가면 흑3, 5의 쌍립이 귀의 수비법이며 백6에 지킨 후 10까지는 예전에 많이 두던 간명한 정석인데, AI 안목에서 흑이 약간 활발한 변화로 본다.

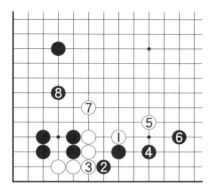

6도(무난한 타협)

앞 그림 흑5 때, 백1의 붙임은 중앙부터 다스리려는 뜻이며 8까지 AI가 추천하는 변화이다.

흑이 양쪽 변을 자연스럽게 지킨 모습인데, 백도 선수로 중앙을 정비해서 서로 무난한 타협이다.

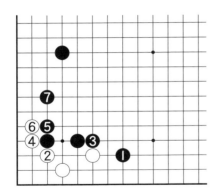

7도(백, 유리)

흑1에 AI는 백2로 급소를 짚으며 귀부터 공략하고 싶다고 한다.

흑3으로 봉쇄하면 백4로 젖혀 7까지 필연인데, 선수로 귀와 변을 잠식한 백이 유리한 흐름으로 본다.

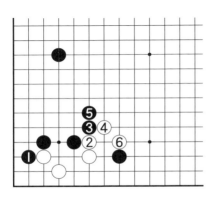

8도(행마의 리듬)

앞 그림 백2 때 흑1의 젖힘이 능동적 귀의 방어이며, 백도 2로 나가며 6까지 호구치는 행마의 리듬을 타면 약간 활발한 흐름이다.

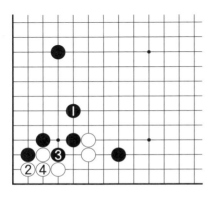

9도(안정적 흐름)

앞 그림 백2 때 흑도 1로 뛰는 것이 무난하며 백이 2, 4로 귀를 정리하면 서로 안정적 흐름이다.

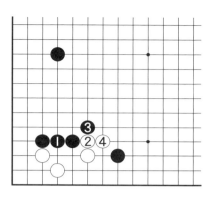

10도(빈삼각으로 나감)

8도의 호구 자세를 주지 않기 위해 흑1로 두텁게 이으면 귀에 근거를 확보한 백이 2, 4의 빈삼각으로 나가더라도 불만 없다.

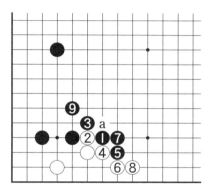

11도(흑의 부담)

4도 백2 때 흑1의 한칸씌움은 중앙에서 변까지 눌러가려는 뜻인데 백은 2로 나간 후 8까지 낮은 자세이지만 안정해서 충분하다.

흑은 9로 지켜 두텁지만 중앙 a쪽 단점이 있어 부담으로 남아 있다.

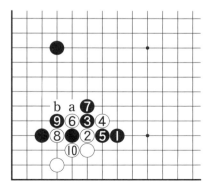

12도(흑, 두칸씌움)

이번에는 흑1의 두칸씌움. 백2, 4로 젖혀 나갈 때 흑5로 끊으면 이하 10까지 필연이다.

다음 흑a로 막든 b로 물러서든 흑이 불리한 흐름이다.

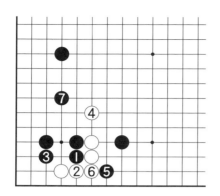

13도(현명한 방어)

앞 그림 백2 때, 차라리 흑1, 3으로 귀를 방어하는 것이 현명하다.

백4로 나갈 때 흑5를 활용한 후 7로 변을 지키면 백도 쫓기지만 선수이므로 서로 불만 없는 흐름이다.

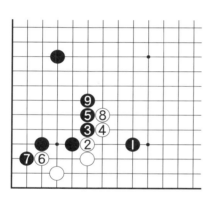

14도(흑, 세칸씌움)

이번에는 흑1의 세칸씌움. 백2로 밀어올린 후 9까지 필연이며 백은 이대로 손을 빼도 충분하다.

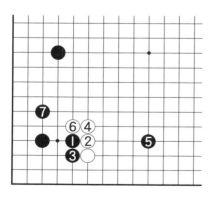

15도(한때 유행)

거슬러 올라가, 흑1에 백2로 밀어 올리면 흑3에 막고 백4에 흑5로 변에서 협공이 한때 유행했던 효과적 공격이었다.

백6에 흑7이 상형인데, 백도 귀의 활용을 탄력적으로 구사하며 두텁게 운영할 수 있다.

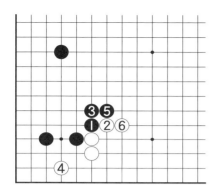

16도(진영을 나누는 흐름)

앞 그림 백2 때, 흑1로 중앙을 중시하면 백은 2로 젖히고 4로 귀에 진입할 수 있다. 흑5에 백6이면 서로 진영을 나누는 흐름이다.

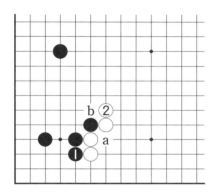

17도(힘찬 대응)

앞 그림 백2 때 흑1로 막는 것이 강수이지만 백도 2로 가만히 올라서는 수가 힘찬 대응이다.

당장은 흑이 a로 끊기 어렵고 b로 밀든가 손을 빼는 것이 실전적이며 서로 어려운 진행이다.

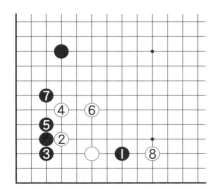

18도(백이 주도하는 흐름)

처음으로 돌아가서, 흑1로 협공하면 백2의 옆구리붙임이 효과적이다. 흑3으로 귀에 들어오면 백4, 6이 가벼운 행마이다.

다음 흑7에 백8로 협공하면 백이 주도하는 흐름이다.

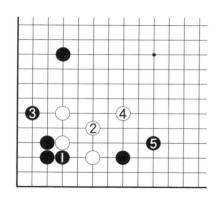

19도(경쾌한 행마)

앞 그림 백4 때 흑1의 꼬부림이 요소인데 백2, 4가 중앙을 운영하는 경쾌한 행마이다.

AI는 이 그림이면 서로 무난한 흐름으로 본다.

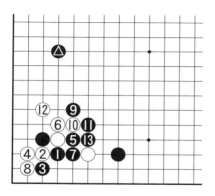

20도(흑이 두터워 충분)

18도 백2 때 흑1로 젖히면 백2의 맞끊음이 행마의 맥이며 이하 13까지 기억해둘 정석 변화이다.

문제는 흑△의 역할이 애매하지만 AI는 그래도 흑이 두터워 충분하다고 본다.

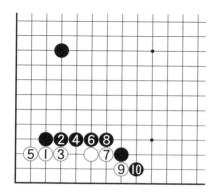

21도(화점 정석으로 환원)

흑 협공에 백1로 3三에 붙이면 흑2 이하로 변신할 여지가 있다.

이러면 10까지 AI가 알려주는 추천 변화인데 화점 정석으로 환원되었다.

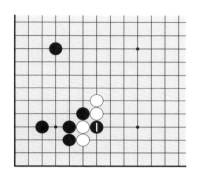

▦ 장면
이 장면에서 흑1로 끊으면 백은 어떻게 대응할지 생각해보자.

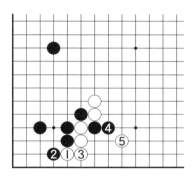

1도(젖혀이음이 효과적)
백1, 3의 젖혀이음이 효과적 대응이다. 흑4로 늘면 백5로 진출해서 불만 없다.

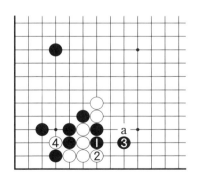

2도(흑, 불리)
앞 그림 백3 때 흑1로 압박하면 백2를 선수해놓고 4로 끊는다.

흑은 귀의 약점과 더불어 하변도 a쪽이 취약해서 불리한 진행이다.

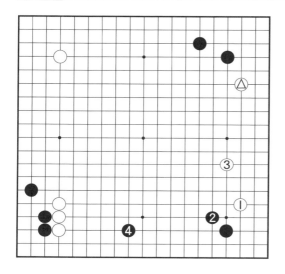

실전 1

이 장면에서 백은 1로 걸친 후 3으로 두칸 높게 벌려 ◎와 고저장단을 맞춘다.

흑도 2의 견실한 마늘모 수비를 배경으로 4로 전개하며 좌하 백을 위협하는데, AI도 인정하는 팽팽한 포석 흐름이다.

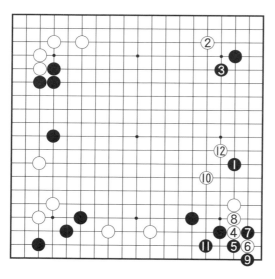

실전 2

우하귀가 초점. 흑1의 협공에 백2와 흑3의 교환으로 우상귀가 결정된 후 백4, 6의 이단젖힘은 귀의 간명한 타개법이다. 흑7, 9로 근거를 탈취할 때 백10, 12로 귀의 단점을 이용해 우변을 눌러가서 백이 활발하다.

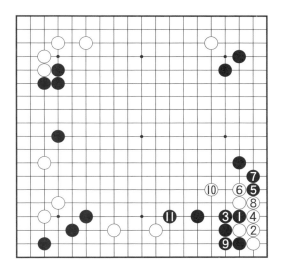

AI 추천

실전 백6 때, AI의 변화도는 흑도 1 이하 10까지 귀를 공략해 백을 미생으로 내몬 다음 흑 11로 은근히 위협하며 싸우는 길을 제시한다.

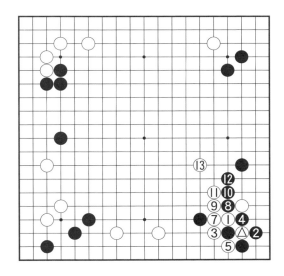

AI 변화

실전 흑5 때, 백도 1로 호구치면 흑2의 반발이 기다리지만, 이하 7까지 차단하고 나서 흑8에 끊을 때 백9 이하 13까지 진출하는 방안도 주도적인 변의 전략이라 본다.

6··△

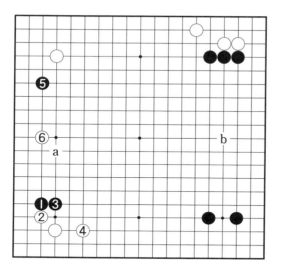

실전 3

좌변이 초점. 소목에 흑 1로 낮게 걸칠 때 백2, 4는 실리적 선택이다.

흑5의 걸침은 국면을 넓게 사용하려는 뜻인데 백6으로 갈라쳐서 복잡해졌다. 흑도 5로 a의 벌림이면 무난하며, b 자리도 우변의 요처로 AI는 지목한다.

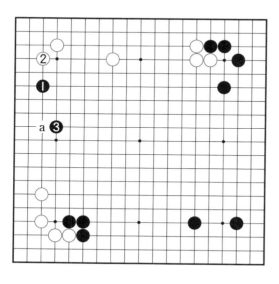

실전 4

흑1의 눈목자걸침은AI 관점에서 약간 느슨하지만 상변 세력을 의식한 유연한 선택이다.

흑3의 높은 벌림도 세를 견제한다는 같은 맥락인데, a의 낮은 벌림도 안정적이다.

2부
공격 정석1
(한칸 협공)

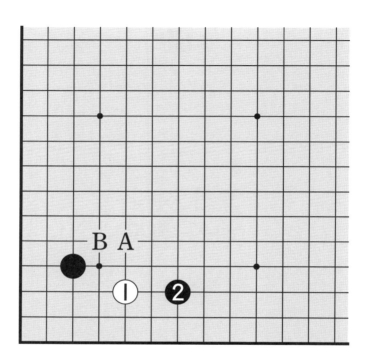

이제부터는 백1의 소목 날일자걸침에서 공격형 정석을 다루는데 첫 번째 주제는 변에서 가장 적극적인 흑2의 한칸협공이다.

백은 주변 상황과 전략에 따라 여러 선택이 있는데, 여기서는 대표 수단인 A의 한칸뜀과 B의 날일자씌움에 대해 알아본다.

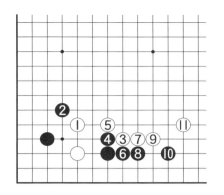

1도(자연스런 행마)

백1로 뛰면 흑2의 날일자는 자연스런 행마이다.

백이 두텁게 두자면 3의 씌움이 제격이며 이하 11까지는 일반적 흐름이다.

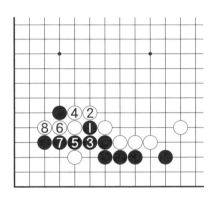

2도(흑의 속셈)

이다음 흑1로 끼운 것은 백2, 4로 이으면 이하 8까지 귀의 실리를 차지하려는 속셈이다.

그러면 백 세력도 상당하지만 중앙에 단점도 있는 만큼 AI는 백이 약간 불만으로 본다.

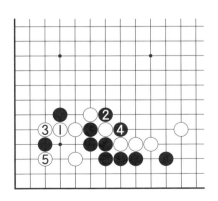

3도(바꿔치기 흐름)

앞 그림 흑3 때 백1이 유연한 반발이다.

흑2로 끊으면 5까지 바꿔치기 흐름인데, AI는 귀를 차지한 백이 유리한 결과로 본다.

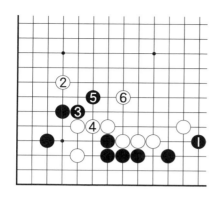

4도(자연스럽게 중앙 정비)

1도 다음 흑1로 하변부터 지키는 것이 무난하다.

백도 좌변에서 2로 다가선 후 6까지 자연스럽게 중앙을 정비하면 충분하다.

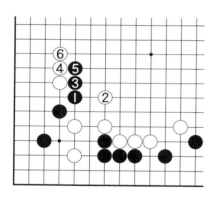

5도(능동적 마늘모 행마)

앞 그림 백2 때 흑1의 마늘모 행마가 약간 능동적이며, 이하 6까지 AI가 알려주는 변화이다.

흑이 좌변을 눌러가며 두텁게 처리하는 방법인데, 백도 양쪽 모양이 정리되어 불만 없다.

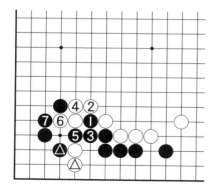

6도(귀의 교환 덕분)

1도 백3 때 흑❹와 백△로 활용이 된 다음 같은 진행을 밟으면 이제는 흑1의 끼움이 위력적이다. 이하 7까지 되면 좌변까지 이어진 흑의 실리가 압도적인데 귀의 교환 덕분이다.

7도(보강한 후 전개)

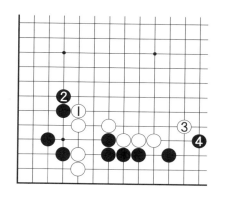

이 형태에서는 1도 흑10 때 백1
로 밀어 보강한 후 3으로 전개하
는 것이 안정적이며 흑4로 받으
면 서로 무난하다.

8도(유력한 방안)

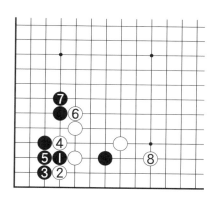

1도 백3 다음 흑1로 붙일 때, 백
2 이하 6으로 귀와 중앙을 임기
응변 한 후 8로 하변에 모양을 구
축하는 것도 AI 안목에서 유력한
방안이다.

9도(추천하는 강수)

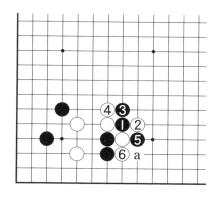

1도 백5 때 흑1의 끊음은 AI도
추천하는 강수이다.

　백은 축이 유리하면 2, 4로 몰
수 있고 6 다음 흑이 a로 두점을
잡으려는 것은 중앙 축이 불리하
기에 성립되지 않는다.

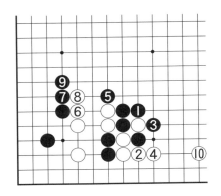

10도(추천 변화)

따라서 흑1로 단수치면 백2, 4로 변의 진출이 자연스럽다.

흑5의 젖힘이 요소이며 이하 10까지 AI의 추천 변화인데, 이 진행이면 호각으로 본다.

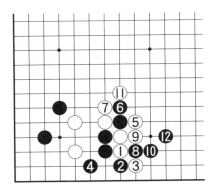

11도(백, 중앙 중시)

흑이 끊을 때 백1로 막을 수도 있다. 흑2, 4로 대응하면 백5, 7로 몰 때 흑도 8, 10으로 끊어나 간다. 다음 백11로 잡고 흑12로 정비해서 타협이다. 백이 중앙을 중시하면 이 진행도 유력하다.

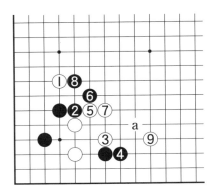

12도(좌변에 다가서는 경우)

1도 흑2 때, 백1로 좌변부터 다 가서면 흑2로 나간 후 8까지 행 마의 리듬이다.

백이 하변을 공격할 차례인데, 백9의 압박도 일책이지만 하단이 열려있어 흑이 a로 활용하며 싸 울 수 있는 여지가 남는다.

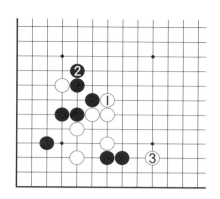

13도(능동적 공격법)

앞 그림 흑8 때, 백1로 꼬부려 중앙을 보강한 후 3으로 강하게 공격하는 것이 능동적이다. AI가 추천하는 공격법이었다.

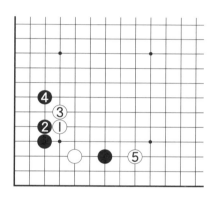

14도(능동적 날일자씌움)

기본형 다음 백이 능동적으로 두자면 1의 날일자씌움이 유력하다. 흑2, 4로 받으면 백5의 협공이 국면을 주도하는 방안이다.

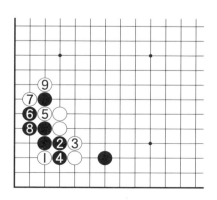

15도(수순의 묘)

앞 그림 흑4 때 귀쪽 백1의 붙임도 생각할 수 있다.

흑2, 4로 차단하면 백5로 들어가는 것이 수순의 묘이며 흑6에 받으면 백7, 9로 한점을 잡는다.

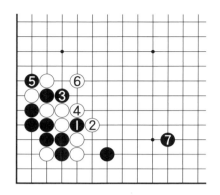

16도(약점을 끊는 경우)

이다음 흑1로 약점을 끊으면 백2로 단수치고 흑3, 5로 잡을 때 백6에 씌우는 진행이 자연스럽다.

흑7로 하변을 견제하면 AI 안목에서 선수인 백이 약간 활발한 타협으로 본다.

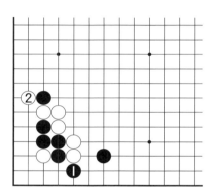

17도(귀부터 확실하게 단속)

15도 백5 때 흑도 1로 젖혀 귀부터 확실하게 단속하는 것이 우선이다. 백2로 돌파하면 이번에는 흑도 충분한 타협으로 본다.

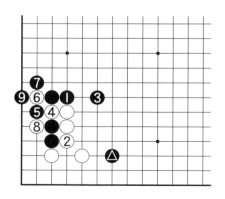

18도(흑의 부담)

백이 귀에 붙일 때 흑이 중앙을 중시하면 1로 밀어 올린다.

백2가 견실한 대응이며 흑3에 뛸 때 이하 9까지 백이 활용한 후 손을 빼는 것이 AI가 권하는 변화인데, 흑▲가 귀에 너무 가까운 것이 흑의 부담이다.

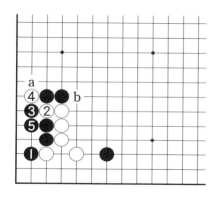

19도(백이 순조로운 흐름)

앞 그림 백2 때 흑이 1로 젖히면 백2, 4를 선수한 후 백이 a로 나가든 b로 젖히든 순조로운 흐름이다.

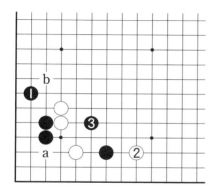

20도(흑의 일책)

14도 백3 때, 흑1의 날일자달림은 귀쪽 a와 변쪽 눌림을 방어하는 의미가 있다. 백b의 압박은 남지만 흑이 여러 불안에 대처하는 하나의 방안이다.

백2로 협공하면 흑도 3으로 추궁하며 국면을 주도할 수 있다,

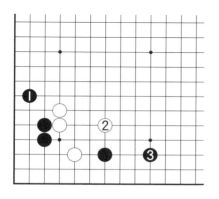

21도(무난한 타협)

흑1 날일자 행마에 백2로 중앙을 보강하면 안정적이다. 흑3으로 벌리면 서로 무난한 타협이다.

백이 실리가 약하지만 선수가 장점이다.

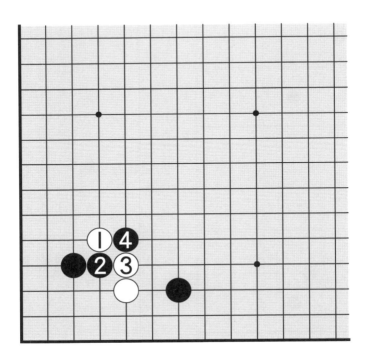

이번에는 백1로 씌울 때 흑2, 4로 나와 끊는 변화에 대해 알아본다.

강수로 방향을 정한 만큼 복잡한 싸움을 피할 수 없는데, 공방의 과정에서 불완전한 모양을 어떻게 정리해 가는지 수순을 통해 이해하면서 AI의 진단도 주목해 볼 만하다.

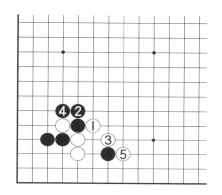

1도(이전의 정석)

기본형 다음 백1, 3으로 호구치고 나서 흑4와 백5로 각각 잡으면 이전에 많이 두던 간명한 정석인데, AI는 서로 흑4와 백5가 부분적으로 위축된 행마로 본다.

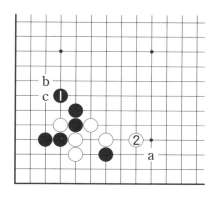

2도(발전된 행마)

흑1과 백2로 넓게 두는 것이 발전된 행마이다.

이 형태에서는 흑a와 백b가 활용의 자리로 남는다. 다만 흑1은 c도 AI가 추천하는 안정된 지킴이다.

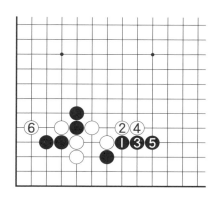

3도(과거의 맥)

1도 백3 때 흑1 이하 5까지 하변부터 경영하면 이제부터 좌변에서의 싸움이 볼만하다.

우선 백6으로 2선 착점이 과거의 맥이었다.

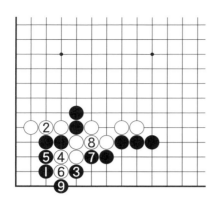

4도(과거의 변화)

이다음 흑1로 귀에서 지키면 백2로 변에서 이어 막고 흑3의 붙이는 맥으로 9까지 넘어가는 것이 과거의 변화였다.

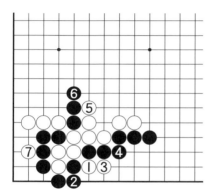

5도(조이는 맥)

계속해서 백1 이하 5까지 선수해 둔 다음 7의 붙임은 귀를 조이는 교묘한 맥이다.

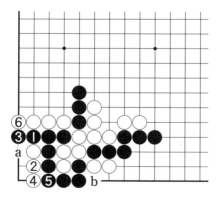

6도(결정타)

이때 흑1로 나가면 문제가 발생하는데 백2의 조임이 결정타이다. 흑3으로 차단해도 백4, 6으로 수를 줄이면 a와 b, 어느 쪽이든 단수 하나가 성립해서 귀의 흑 전체가 잡힌다.

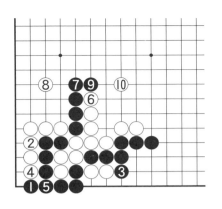

7도(이전의 결론)

귀는 흑1의 마늘모가 최대한 조임을 방어하는 맥이다. 백은 2, 4의 선수 후 10까지 효율적으로 정돈하며 싸우는 변화가 이전의 결론이었다.

이 진행이면 AI는 백이 약간 기분 좋은 타협으로 본다.

8도(흑, 간명)

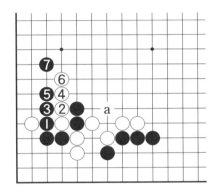

실은 3도 다음 흑1로 뚫고나간 후 7까지 좌변에 정착하면 간명하다.

흑이 중앙 두터움은 허용했지만 a의 활용하는 맛이 남아있고 좌변과 하변을 경영해서, AI는 흑도 불만 없다고 본다.

9도(절호점)

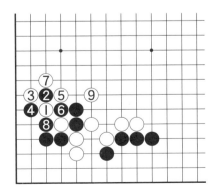

3도 흑5 때 백1의 마늘모가 그동안 생각하지 못했던 AI의 효과적인 방안이다. 흑2로 붙여 압박하면 일단 백3으로 젖힌다.

이때 흑4의 끊는 맥으로 6, 8로 한점을 잡으면 백9의 씌움이 절호점이다.

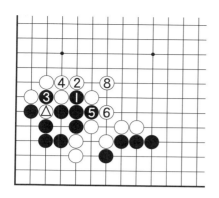

10도(흑의 대실패)

이다음 흑이 1 이하 7까지 흠집을 내면서 살더라도 백이 8로 중앙을 정비하면 아주 두터워 흑의 대실패이다.

❼‥△

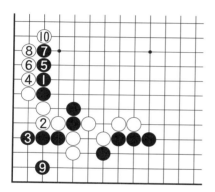

11도(자연스럽게 젖히는 흐름)

9도 백3 때 흑도 1로 늘어야 한다. 백2를 선수한 후 8까지 밀 때 흑9로 귀를 살고 백10으로 젖히는 흐름이 자연스러운데, AI 안목에서 백이 약간 기분 좋은 결과이다.

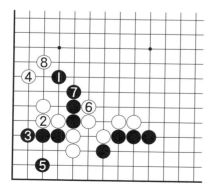

12도(흑, 날일자 공격)

이 시점에서 흑1의 날일자로 유연하게 공격하면 백2, 4로 견디고 나서 귀의 공격과 변의 진출을 맞볼 수 있다. 흑5로 사는 것이 무난한데 백6, 8로 진출하면, 앞 그림과 비슷하게 백이 약간 순조로운 흐름으로 본다.

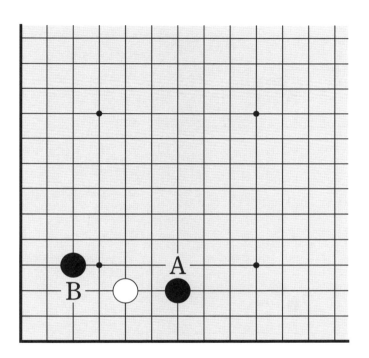

이번에는 많이 두지는 않지만 백이 A로 변에 붙이거나 B로 귀에 붙이는 변화에 대해 알아본다.

변쪽 A의 붙임은 기대면서 모양을 주도적으로 정리하거나 싸움을 유도하려는 뜻이 있고, 귀쪽 B의 붙임은 간명한 정리를 원할 때 주로 사용한다.

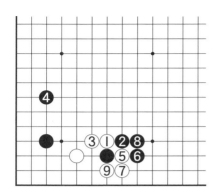

1도(흑, 만족)

백1의 변쪽 붙임에 흑2의 젖힘은 당연하고 백3에 끌면 흑은 좌변과 하변 중 어디에 둘지 방향을 정해야 한다. 흑4로 좌변에 벌리는 것이 우선이고 백5로 끊은 후 9까지 안정해도 AI는 흑의 만족으로 본다.

2도(능동적 활용)

앞 그림 흑4 때, 백1 이하 5까지 귀와 변을 연계해서 활용해놓고 손을 빼는 것이 능동적이다.

이 진행이면 AI 안목에서 흑이 약간 편한 정도이다.

3도(흑이 하변부터 지키는 경우)

1도 백3 때 흑1로 하변부터 지키는 경우. 백이 2로 씌우면 AI는 흑이 3 이하 7까지 귀의 무난한 삶을 권한다.

백8이 중앙 요소이고 흑9로 벌리면 서로 알맞은 타협으로 본다.

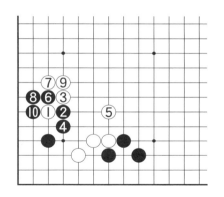

4도(일순위 추천)

백1의 한칸협공은 노골적인 공격으로 AI의 일순위 추천이다.

흑이 2로 붙여 나오면서 이하 10까지 한점을 잡고 안정했지만, 백도 중앙을 폭넓게 선수로 정비해서 호각으로 본다.

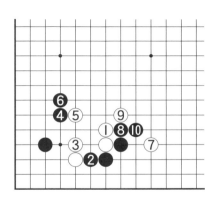

5도(중앙으로 느는 경우)

1도 흑2 때 중앙 백1로 느는 경우. 흑2, 4로 단점을 노리면 백은 5로 보강한 후 7로 협공해서 10까지 많이 두던 수순이다.

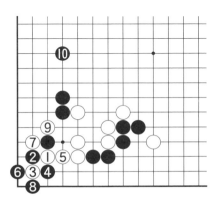

6도(현명한 정리)

이다음 백이 1, 3으로 귀부터 처리하면 흑은 4, 6으로 잡은 후 10까지 정리하는 것이 현명하다.

백도 한점을 잡고 흑 진영을 선수로 파괴했지만 전체 모양이 허술해서 AI는 호각으로 본다.

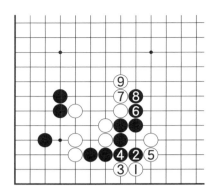

7도(백, 국면 주도)

5도 다음 백1로 변의 근거부터 공격하는 것이 효과적이다.

흑2 붙임은 선수를 잡기 위한 방어이며 이하 9까지, AI는 백이 국면을 주도하는 흐름으로 본다.

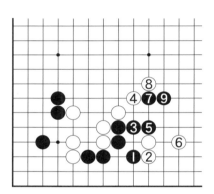

8도(호구치고 나감)

5도 백9 때 흑도 1로 호구치고 나서 3으로 나가는 것이 근거에 도움이 된다. 백도 4로 추격하며 9까지 자연스런 공방이다.

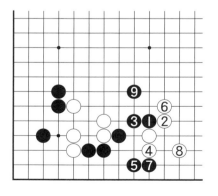

9도(흑의 일책)

5도 백7 때 흑1의 붙임도 일책이다. 백도 2로 젖힌 후 4의 보강이 선수로 활용되며 6, 8로 두텁게 정비해서 불만 없다.

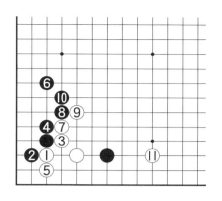

10도(이전의 활용법)

백1 귀의 붙임은 간명책이다. 이하 5까지 되고나서 흑6의 두칸벌림이면 활용당할 염려가 있다.

그러나 백7, 9는 이전의 활용법으로 11로 협공하려는 뜻이지만, AI는 흑도 좌변이 부풀어 백이 미흡하다고 본다.

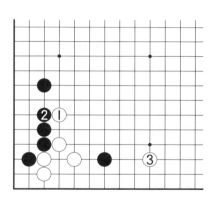

11도(간명한 활용)

앞 그림 흑6 때, AI 안목에서는 백1의 활용이 간명하며 흑2로 받으면 백3으로 협공해서 서로 어려운 싸움이다.

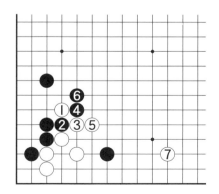

12도(능동적 반발)

백1에 흑도 2로 나가 4, 6으로 한 점을 잡는 것이 능동적 반발이다. 백7은 AI가 추천하는 협공인데 견실한 모양을 폭넓게 이용하려는 뜻이 있다.

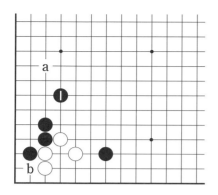

13도(국면을 넓게 주도)

10도 백5 때, 처음부터 흑1의 날일자벌림이면 a의 뒷문이 열렸지만 국면을 넓게 주도할 수 있다.

예전에는 백도 2의 꼬부림으로 안정했지만 AI는 발이 늦어 차라리 손을 빼라고 한다.

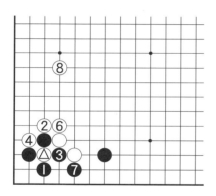

14도(흑의 반발)

10도 백3 때 흑1의 단수는 귀의 안정을 주지 않으려는 반발이다.

예전에는 백2로 되단수한 후 8까지 귀를 내주면서 변에 정착해 타협했지만, 이 진행이면 AI는 흑이 절대 유리하다고 판단한다.

❺··△

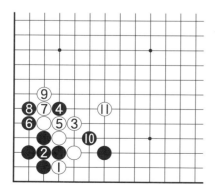

15도(흑, 만족)

앞 그림 흑3 때 AI는 백1 쪽의 단수를 권한다. 흑2에 백3의 정비. 흑은 4의 활용 후 재차 10의 활용 때 백은 이음보다 11의 중앙 진출이 요소이다.

아무튼 이 진행도 앞 그림보다 백이 낮지만 흑의 만족으로 본다.

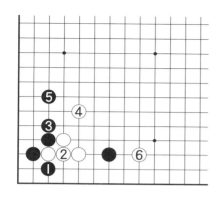

16도(협공하는 리듬)

흑1 단수에 AI는 차라리 백도 모양은 나쁘지만 2의 이음을 권한다. 흑3에 백4를 선수한 후 6으로 협공하는 리듬을 타면, 백이 약간 미흡한 정도로 본다.

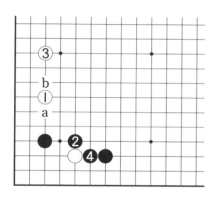

17도(백의 유연한 방안)

백이 직접 충돌하지 않고 유연하게 두자면 1, 3으로 변에 정착하는 방안도 있다. 대신 귀쪽은 흑이 4로 제압해서 실리가 충실하므로 보통은 백이 선택하지 않는다. 백은 상황에 따라 a나 b로부터 두칸 벌리기도 한다.

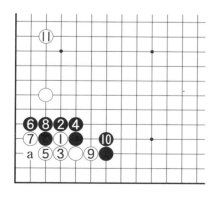

18도(백의 일책)

앞 그림 흑2 때, 백1의 끼움도 일책인데 귀의 실리를 허용하지 않기 위함이다.

　백은 귀를 9까지 선수로 살고 11로 벌리는 흐름이 자연스럽다. AI 평가로는 a의 단점이 남았고 흑도 두터워 불만 없다.

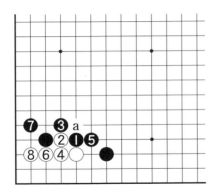

19도(손을 빼는 경우)

AI의 손빼기는 유명한데 이런 협공에서도 국면에 따라 유력한 방안이라고 본다.

흑1로 봉쇄해도 백2로 끼운 후 8까지 귀에 안정하면 a의 노림도 남아 충분히 견딜 수 있다.

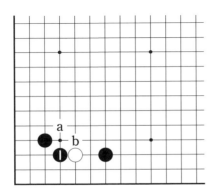

20도(전략적 선택)

백의 손빼기에 흑1로 붙여 귀의 안정을 방해하면 백은 당장 응하지 않고 상황에 따라 a나 b로 움직이는 것도 전략적 선택이다.

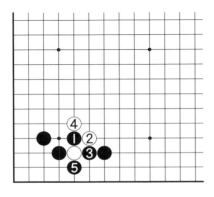

21도(효율적 활용)

차후 흑1로 완전히 제압하면 백 2, 4로 이곳은 최대한 가볍게 활용하는 것도 효율적 방안이다.

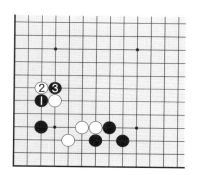

▦ 장면

이 장면에서 흑1, 3으로 강하게 끊어오면 백은 어떻게 대응할지 생각해보자.

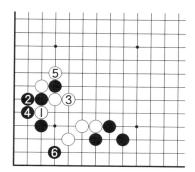

1도(중앙으로 치우친 모양)

백1, 3 다음 5로 한점을 축으로 잡으면 흑6으로 귀를 지키는 것이 이전의 변화이다. 백 모양이 중앙으로 치우쳐, 이 진행은 백이 약간 미흡한 결과로 본다.

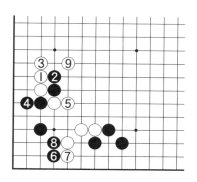

2도(타협된 결과)

백1로 늘고 흑이 축을 피해 2로 밀면 백3. 흑도 4 이하 8까지 귀를 지키는 것이 무난한데, 백9로 두점을 잡으면 AI는 서로 타협된 결과로 본다.

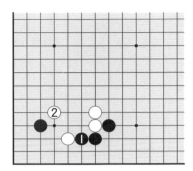

▦ **장면**

이 장면에서, 흑1로 치받을 때 백2
로 씌우면 흑은 어떻게 대응할지 생
각해보자.

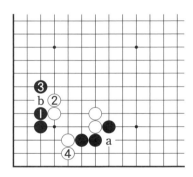

1도(맞보기)

평범하게 흑1, 3으로 진출하면 백4
다음 a와 b가 맞보기이다.

　백이 a로 끊으면 두점이 잡히고,
b쪽은 들어가서 귀쪽을 끊는 수단
이 있다.

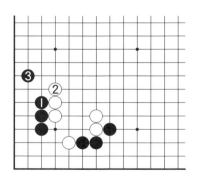

2도(백의 부담)

흑의 대처법은 알고 나면 간단한데,
1도 백2 때 흑1로 하나 더 밀고 3으
로 진출하면 해결된다.

　이제 허술한 중앙 모양의 뒤처리
가 백의 부담으로 남았다.

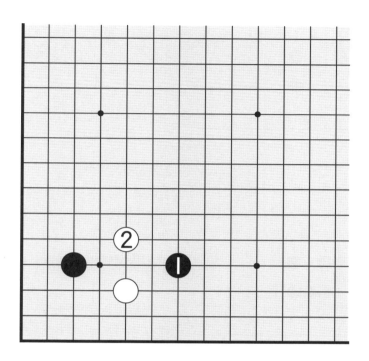

흑1의 한칸높은협공은 강하게 공격하면서 중앙을 승부처로 유도하려는 전략이다. 백도 구상에 따라 여러 대응이 가능한데, 여기서는 실전 빈도가 가장 높은 2의 한칸 뜀 이후 변화에 대해 알아본다. 역시 국면을 넓게 바라보는 AI의 안목에도 주목한다.

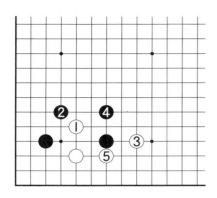

1도(과거의 상식)

백1로 한칸 뛰면 흑2의 날일자로 앞서 나가고 백3의 협공에 흑4로 뛸 때 백5로 넘어가는 일련의 수순이 그동안 상식으로 통했다.

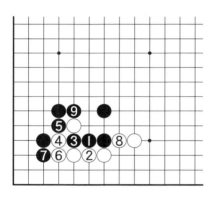

2도(알려진 정석)

이다음 흑1, 3으로 뚫은 후 9까지 일단락인데, 부분적으로 귀를 포함한 흑 모양이 크지만 후수인 점을 감안하면 호각이며 널리 알려진 정석이었다.

다만 AI는 백6에 흑이 손을 빼는 것이 실전적이라 본다.

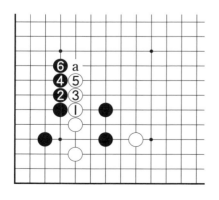

3도(백, 상황에 따른 선택)

1도 흑4 때 백1로 밀면 4선의 실리를 허용하므로 이론상 상식 밖인데, AI는 뜻밖에도 백이 5까지 밀고 a로 또 밀어가며 싸울 수 있다고 본다. 하변 흑 두점을 차단하고 싶은 상황이라면 백의 이런 선택도 유력하다.

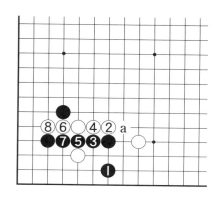

4도(흑, 만족)

1도 백3 때 흑1의 2선 뜀은 변과의 연결고리를 차단하려는 강수인데, 백2로 봉쇄한 후 8까지 서로 한점을 품으며 관통하면 실리가 충실한 흑의 만족이다.

a의 단점도 있어 흑이 당장 젖혀 싸울 수도 있다.

5도(귀를 제어하는 것이 우선)

앞 그림 흑3 때, 백1을 활용하고 3으로 붙여 귀를 제어하는 것이 우선이다. 흑4로 젖혀 나간 후 7까지 되면 AI는 백이 기분 좋은 흐름으로 본다.

6도(백, 유리)

앞 그림 백3 때 흑1, 3으로 뚫고 나가면 백4로 일단 귀의 근거를 확보한다. 이하 8까지 정리되면 귀를 완전히 점유한 백이 유리한 흐름이다.

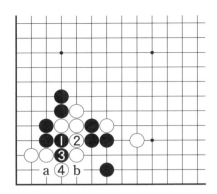

7도(단점을 찌르는 경우)

앞 그림 백4 때 흑1, 3으로 단점을 찌르면 백4 다음 흑이 a와 b, 어느 쪽을 두더라도 끊은 쪽을 잡아 백이 더욱 좋다.

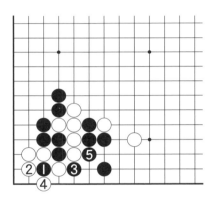

8도(흑, 귀쪽 끊음)

흑1로 귀쪽을 끊으면 백2로 잡고 흑3, 5로 중앙이 끊기지만~

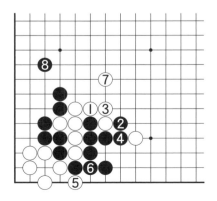

9도(선수로 중앙 정리)

백1로 막으면서 7까지 정비하면, 흑은 8로 보강했지만 좌변이 엷고 하변은 약간 무거운 모양이다.

이 진행이면 AI 안목으로는 백이 귀와 더불어 선수로 중앙까지 정리해서 절대 유리하다.

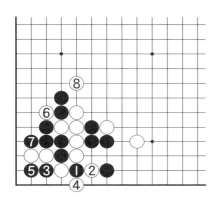

10도(백이 더욱 유리)

7도 다음 흑1로 변쪽을 끊어도 백2로 잡고 흑3, 5로 귀는 허용하지만 백이 6을 활용하고 8로 씌우면 매우 두텁다. 하변 흑도 취약해서 AI는 앞 그림보다 백이 더욱 유리하다고 판단한다.

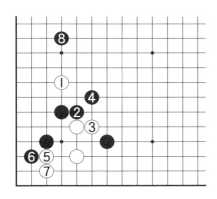

11도(백, 좌변 다가섬)

1도 흑2 때 이번에는 백1의 좌변 다가섬이다. 흑2, 4로 나가면 백 5, 7로 귀에 정착하는 것이 보편적이다. 흑8로 협공해서 싸우는 흐름인데, 실전이라면 흑8은 일순위가 아니다.

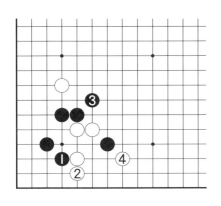

12도(흑, 귀부터 붙임)

앞 그림 백3 때 흑1로 붙여 귀를 지키고 3으로 나가면 백4로 변에 진출해서 서로 무난한 흐름이다.

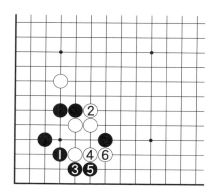

13도(실리와 세력 대결)

흑1에 백2로 두텁게 꼬부리면 흑 3, 5를 선수해서 실리와 세력이 대결하는 흐름이다.

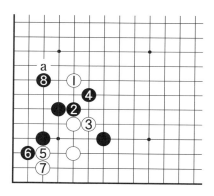

14도(백의 5선 행마)

백1로 좌변 5선에서 행마의 리듬을 구하는 것도 일책이다. 흑2, 4로 나오면 백5, 7로 귀를 처리하고 흑8로 보강하는 것이 자연스런 흐름이다.

차후 백은 a의 붙임으로 모양을 정리할 수 있다.

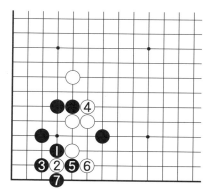

15도(어울린 타협)

앞 그림 백3 때 흑1로 귀부터 지키면 백2 젖힘 후 4의 봉쇄는 AI가 알려주는 대응이다.

흑도 5, 7로 한점을 잡는 것이 간명하며 서로 어울린 타협이다.

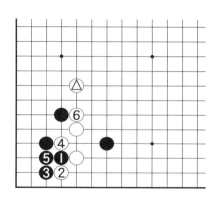

16도(흑의 일책)

백△의 5선 행마일 때 바로 흑1의 붙임도 AI가 제시하는 일책이다. 백은 2, 4를 활용한 후 6으로 막는 것이 자연스럽다.

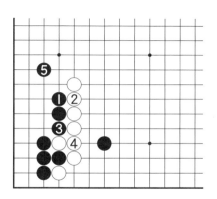

17도(실리와 세력이 극명한 대결)

이다음 흑1, 3을 선수한 후 5로 진출하면 실리와 세력이 극명한 대결이다.

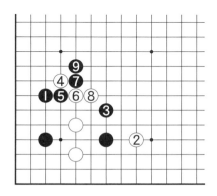

18도(수습 요령)

기본형 다음, 이번에는 흑1의 벌림이다. 백은 2로 협공한 후 흑3에 뛰면 백4의 어깨짚음이 AI의 수습 요령이다.

　　이하 9까지 서로 모양을 정리하는 흐름이 자연스럽다.

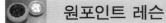
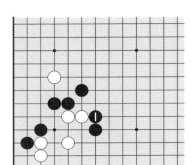

▦ 장면

이 장면에서 흑1로 중앙 쪽을 차단하면 백은 어떻게 대응할지 생각해 보자.

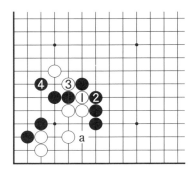

1도(백, 불리)

백1, 3으로 무작정 끊으면 흑이 4로 지킨 다음 하변 백 모양에 a의 맥을 노릴 수 있다. 이 진행이면 백이 불리한 싸움이다.

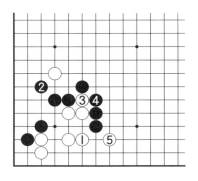

2도(효과적 행마)

백1로 하변 모양을 제대로 갖춘 다음 흑2로 지키면 백3, 5로 진출하며 흑 모양의 약점을 노리는 것이 효과적 행마이다.

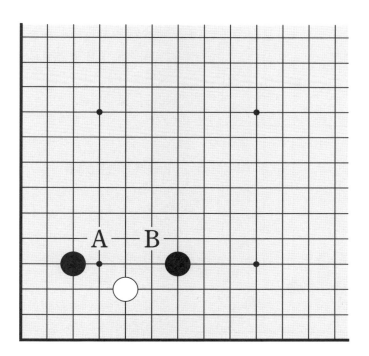

이번 주제는 한칸높은협공에서 백이 변쪽 A와 중앙 B의 날일자 진출로 파생되는 변화에 대해 알아본다.

날일자 행마는 유연하지만 취약한 면도 있어 이를 노리면서 변화가 전개된다. 특히 변쪽 백A는 흑이 나와 끊으면 대처하기 어렵다 해서 거의 두지 않았지만, AI가 알려주는 대응법에 주목할 만하다.

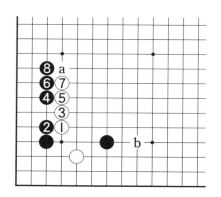

1도(간명하지만 소극적)

백1의 변쪽 씌움부터 알아본다. 우선 흑2, 4로 받으면 간명하지만 소극적이다.

　백은 5, 7로 밀어놓고 a로 또 밀든지 b로 협공하면 국면을 주도하는 흐름이다.

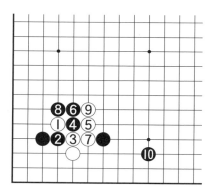

2도(백, 나쁜 모양)

백1에는 흑도 2, 4로 끊는 것이 기세이다. 이때 백5, 7은 나쁜 모양이다. 이후 10까지의 몇 수는 AI의 변화인데, 보통은 백의 실속 없는 진행이다.

　다만 백이 어려운 변화를 피하고 싶다면 후순위로 권한다.

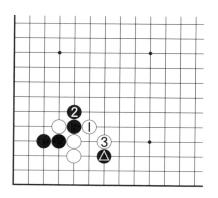

3도(한칸협공과 비교)

흑▲의 한칸협공이라면 흑이 나와 끊을 때 백1, 3의 호구 자세가 좋지 않은가.

　참고로 앞 그림과 비교하기 위해 제시했다.

4도(백, 호구이음)

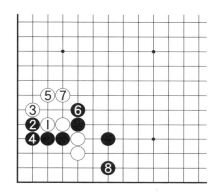

2도 흑4 때 백1로 귀를 압박하는 것이 AI의 일순위 추천이다.

흑2, 4로 젖혀 이을 때 백의 대응이 몇 가지 가능하다. 백5로 호구이음이면 흑도 6으로 활용한 후 8의 공격이 효과적이다.

5도(귀에 진입하는 요령)

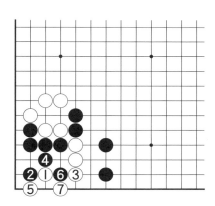

이다음 백1, 3이 수를 늘리며 귀에 진입하는 요령이다. 흑4에는 백5, 7로 패가 나는 흐름이다.

6도(패를 이용한 타협)

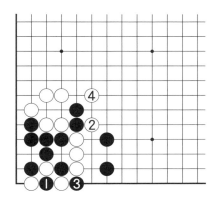

이어서 흑1, 3으로 패를 해소하는 동안 백이 2, 4로 중앙을 씌우면 AI는 적절한 타협으로 본다.

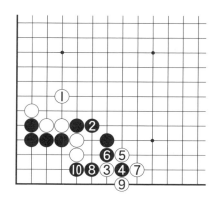

7도(백, 뛰는 경우)

4도 흑4 때 백1로 뛰는 경우. 흑
2로 늘면 백3에 달리고 흑4로 차
단할 때 백5, 7로 한점을 잡는 것
이 간명하다.

흑도 10으로 두점을 잡는 흐름
인데~

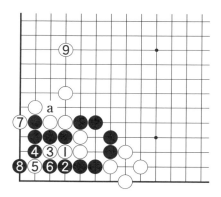

8도(흑이 약간 편한 정도)

백이 1로 나가면서 7까지 활용한
후 9로 좌변을 보강하면 일단락
이다. 백도 귀의 피해를 최소화하
면서 정리된 모양인데, AI는 a의
단점도 남은 만큼 흑이 약간 편
한 정도로 본다.

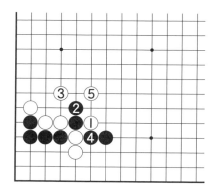

9도(간명한 사석작전)

이번에는 백1, 3으로 치고나가는
경우이다.

이때 흑4로 끊으면 백5의 씌움
이 AI가 추천하는 간명한 사석작
전이다.

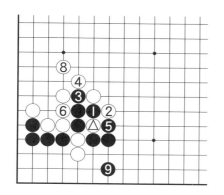

10도(좌변을 두텁게 정리)

이다음 흑1로 나갈 때 백2 이하 6으로 조이고 8로 지키면 흑9로 두점을 제압하지만, AI는 선수로 좌변을 두텁게 정리한 백도 불만 없는 결과로 본다.

❼··⚪

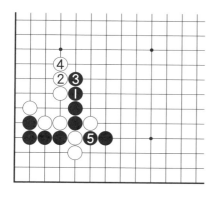

11도(백이 거북한 싸움)

9도 백3 때 흑1, 3으로 밀어놓고 5로 끊는 것이 효과적이다.

다음은 주변 상황에 따라 서로 어렵지만 보통은 백이 거북한 싸움이다.

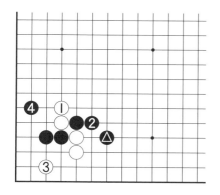

12도(싸우기 좋은 위치)

2도 흑4 때, 백1로 느는 수단도 족보에 있지만 4까지 되면 흑⚫ 가 싸우기 좋은 위치에 있어 백 이 바람직하지 않은 진행이다.

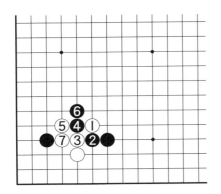

13도(흑, 불리)

처음으로 돌아가서, 중앙을 향한 백1의 날일자 진출에 대해 알아보자.

우선 흑2, 4로 끊는 것은 백5, 7로 나가면서 귀의 주인이 바뀌므로 흑이 불리한 진행이다.

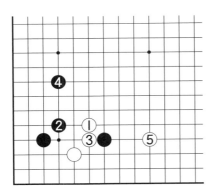

14도(무난한 변화)

백1에는 흑2의 마늘모로 백3을 유도해서 흑4로 벌리고 백도 5로 하변에 모양을 잡으면 서로 타협이다.

이 그림이 AI가 알려주는 무난한 변화이다.

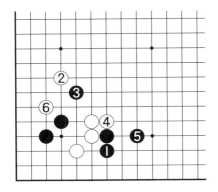

15도(전투 양상)

앞 그림 백3 때, 흑1로 하변 한점을 움직이면 백2로 협공해서 국면이 긴박해진다. 흑3에 나갈 때 백4, 6은 행마의 리듬이며 이제부터 전투 양상이다.

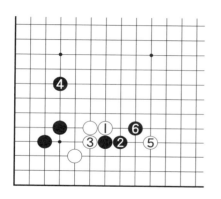

16도(백, 위에서 누를 경우)

14도 흑2 때, 백이 중앙을 중시
하면 1로 위에서부터 누른다.

흑이 2로 늘고 4로 좌변을 보
강하면 백5로 협공해서 전투로
이어진다.

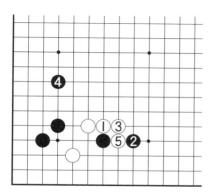

17도(싸움을 피하는 변화)

백1에 흑2로 가볍게 뛰고 나서
백3에 흑4의 벌림도 일책이다.

백5에 흑이 손을 빼면, AI 안
목에서 싸움을 피하는 무난한 변
화로 본다.

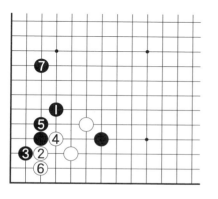

18도(변을 중시하는 날일자)

되돌아가서, 흑1의 날일자는 변
을 중시하는 행마이다.

백2의 붙임은 근거부터 마련하
려는 뜻인데 7까지면 서로 무난
한 진행이다.

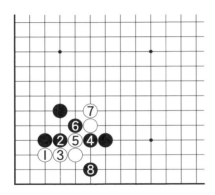

19도(흑, 위험한 도발)

백1에 흑2 이하 6으로 끊을 수 있지만 위험한 도발이다.

　백7에 늘 때 흑8로 귀를 위협하는 흐름인데~

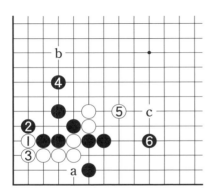

20도(일석이조의 젖혀이음)

예전에는 백이 a로 막았지만, AI는 백1, 3으로 젖혀 이으면 귀를 보강하면서 좌변 흑진도 취약해서 일석이조로 본다. 흑4로 지켜도 단점이 남았고, 백이 5로 움직인 후 상황에 따라 b나 c를 선택하면 활발한 흐름이다.

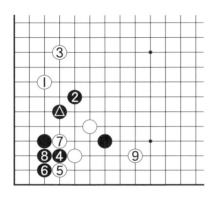

21도(유력한 방안)

흑⬤ 날일자에 백1, 3으로 좌변 개척도 AI의 유력한 방안이다.

　흑4로 귀를 지킬 때 백5, 7을 활용한 후 9로 다가서며 하변을 가볍게 처리한다는 생각으로 임하면 백이 충분한 진행으로 본다.

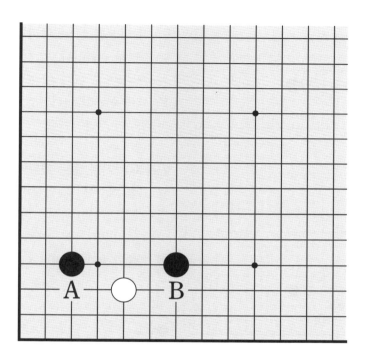

한칸높은협공에서 마지막 관문은 백A와 B, 귀와 변의 붙임이다. 이들 붙임은 기대면서 정리하려는 것인데, 귀의 붙임은 안정에 뜻을 두지만 AI가 권하지 않는 이유가 있고 변의 붙임은 능동적 타개 수단이다.

특히 변으로 붙일 때는 AI의 넓은 안목이 반영된 변화에 대해서도 알아본다.

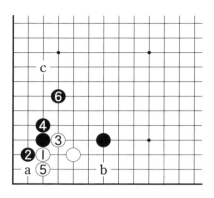

1도(귀의 붙임)

우선 백1의 붙임은 귀에서 안정하려는 뜻인데, 흑이 순순히 받아 6까지 되면 한칸협공에서도 보았던 간명한 변화이다. 이 형태에서는 a와 b의 근거가 맞보기이므로, 백이 여기를 둔다면 c로 다가서는 것이 능동적이다.

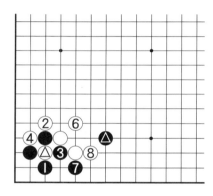

2도(흑이 기분 좋은 흐름)

앞 그림 백3 때 흑1의 반발은 이 경우에도 성립한다.

백2의 되단수 후 8까지 되었을 때 흑▲가 높아 귀와의 연결고리가 약해져도 AI는 흑이 기분 좋은 흐름으로 본다.

❺‥△

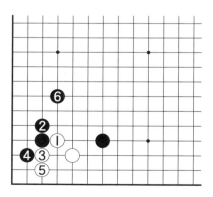

3도(귀의 옆구리에 붙임)

다만 백도 1로 귀의 옆구리에 붙여 이하 6까지 되면 1도의 간명한 진행으로 유도할 수 있다.

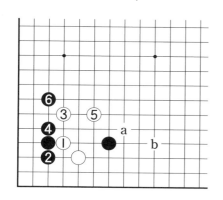

4도(흑이 귀에 진입하는 경우)

백1에 흑2로 귀에 진입하면 백은 3, 5로 정돈하는 것이 무난하다.

흑6 다음 백은 a나 b로 하변을 다스린다. a는 유연한 선택이고, b는 공격적 선택이다.

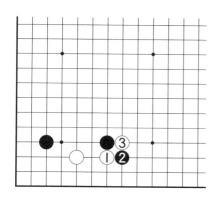

5도(능동적 대응)

처음으로 돌아가서 백1, 3으로 붙이며 맞끊는 것이 변에서 타개하며 국면을 넓게 사용하려는 능동적인 대응이다.

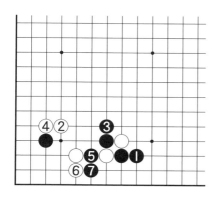

6도(날일자씌움의 경우)

이다음 흑1로 늘 때 백2의 날일자씌움이 일책이며 중앙 흑3에 보강하면 백4로 귀를 접수한다. 흑5, 7로 보강하면 일단락인데, 백도 선수로 귀를 다스려서 불만 없다. 여기서 백이 손을 빼는 것이 AI의 실전 감각이지만~

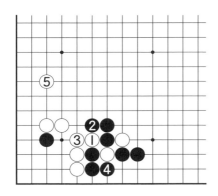

7도(효율적 보강)

귀를 확실하게 보강하려면 백1의 곳이 효율적이다.

흑2, 4로 받고 백5로 벌리면 AI는 서로 진영을 정리해서 무난한 타협으로 본다.

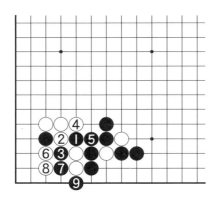

8도(AI의 경고)

6도 다음 백이 손을 빼더라도 당장 흑이 1, 3으로 끊으면 9까지 두점을 잡을 수 있지만, 또 선수를 빼앗겨 초반이라면 흑이 망할 수도 있다고 AI는 경고한다.

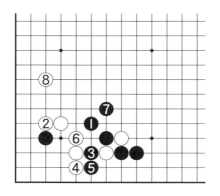

9도(AI의 견해)

6도 백2 때 흑1의 마늘모로 귀를 엿보며 지키면 효율적이라는 것이 AI의 견해이다. 그런데 백2에 흑3, 5로 막으면 백6을 선수하고 손을 빼든지, 8로 보강해도 백이 약간 기분 좋은 흐름으로 본다.

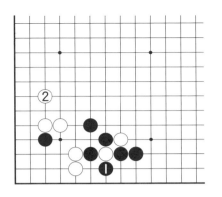

10도(두터운 따냄)

앞 그림 백4 때 흑1로 따내는 것이 두텁다. 그러면 백도 2의 한칸으로 지켜야 귀가 완전무결해서 불안 요소가 없다.

AI는 흑이 이 그림을 선택하면 불만 없다고 본다.

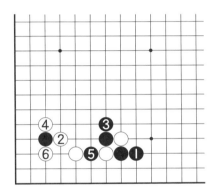

11도(마늘모붙임의 경우)

거슬러 올라가 흑1에 백2의 마늘모붙임은 귀를 단단하게 제어하려는 뜻인데, 6까지 되면 서로 귀와 변에 진영을 갖춰 타협된 결과이다.

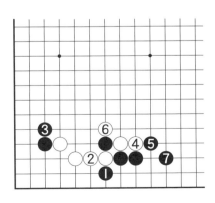

12도(변과 귀를 동시에 처리)

앞 그림 백2 때 흑1의 단수는 변과 귀를 동시에 처리하려는 뜻이다. 백2로 이으면 흑3으로 귀를 살린 후 7까지 서로 정리해서 무난하다.

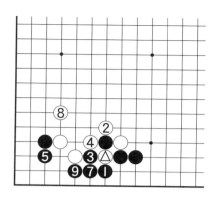

13도(백의 일책)

흑1에는 백2, 4로 돌려치는 것도 일책이다. 이후 9까지는 AI가 보여주는 타협안이다.

흑은 후수이지만 귀와 변을 정리했고 백은 중앙 발전성으로 이에 맞선다.

⑥‥△

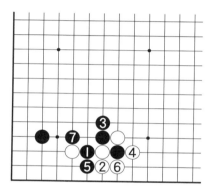

14도(흑이 절대 유리)

5도 다음 흑은 축이 유리하면 1, 3의 수순으로 귀와 변을 노릴 수 있다.

이때 백4로 잡으면 흑5, 7로 귀를 제압한 자세가 두터워서 흑이 절대 유리하다.

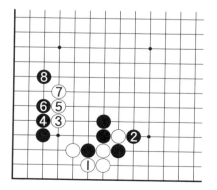

15도(흑이 약간 활발)

앞 그림 흑3 때 백1로 방어하면 흑2의 축으로 잡고 좌변도 8까지 처리해서, 흑이 약간 활발한 흐름이다.

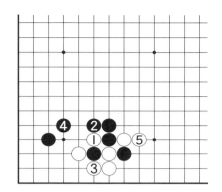

16도(효율적 대처)

14도 흑3 때 백도 1로 위에서 단수치고 흑2, 4로 연결하면 백5로 하변까지 방어하는 것이 효율적 대처이며, AI 안목에서 백이 약간 편안하다.

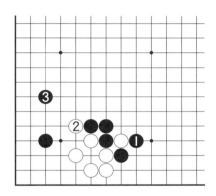

17도(귀와 변을 따로 처리)

앞 그림 백3 때 흑도 1로 잡은 후 백2에 흑3으로 벌려 귀와 변을 따로 처리하는 것이 AI의 실전적 방안이다.

아무튼 백도 중앙으로 고개를 내밀었으니 불만 없다.

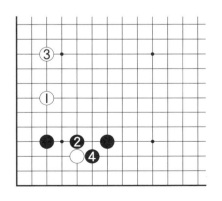

18도(백의 일책)

흑이 협공할 때 상황에 따라 백1, 3으로 좌변에 벌리고 흑도 2, 4로 제압하는 변화도 일책이다.

백이 직접 싸우지 않고 진영을 구축하며 모양으로 맞서겠다는 전략인데, 보통은 AI도 권하지 않는다.

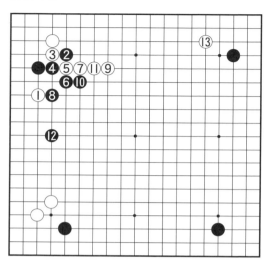

실전 1

초점은 좌상귀 백1의 한칸협공. 흑2로 씌운 후 8까지 상형이다.

백9 한칸이 폭은 넓지만 어차피 흑10에 백 11로 이어야 한다면 효율성이 떨어지며 13에 걸쳐도 상변이 얇다.

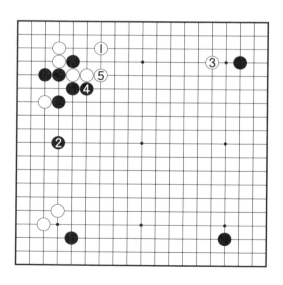

AI 추천

실전 흑8 때 AI는 백1로 지키고 3으로 걸치는 것이 안정적이라고 본다.

흑도 2의 두칸벌림은 어차피 4의 활용을 염두에 둔 효율적 행마이다.

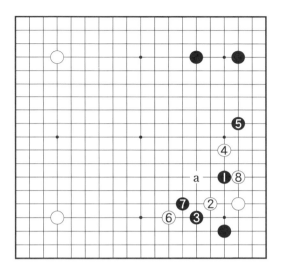

실전 2

초점은 우하귀 흑1의 한칸높은협공. 백2, 4에 흑5는 a의 뜀이 보통이지만 우상귀 진영을 고려한 능동적인 다가섬이다. 백 6, 8은 하변도 살리려는 효율적 보강이며, 서로 '정석도 포석의 일부'라는 원리를 보여주고 있다.

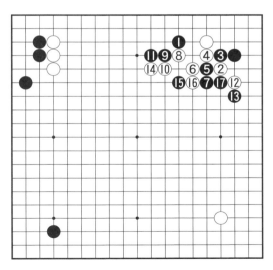

실전 3

우상귀 흑1의 한칸협공 이후 8까지 널리 알려진 능동적인 진행이다.

흑9, 11로 상변부터 움직일 때 백12의 마늘모는 AI가 알려주는 효과적 행마이며, 이하 17까지 서로 버티는 수순이 치열하다.

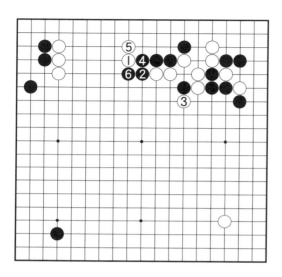

실전 계속

백1은 상변이 돌파되더라도 3, 5로 양쪽을 정리하겠다는 뜻인데, 흑6으로 두텁게 꼬부리면서 AI는 흑이 순조로운 형세라고 판단한다.

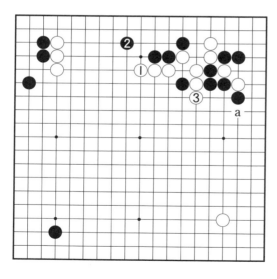

AI 추천

백은 상변에 연연하지 말고 1, 3으로 중앙을 두텁게 지키는 것이 우선이라고 본다.

차후 백이 상변을 압박하고, a의 붙임도 적절히 활용하면서 국면을 유연하게 이끌어가면 충분했다고 본다.

3부
공격 정석2
(두칸·세칸 협공)

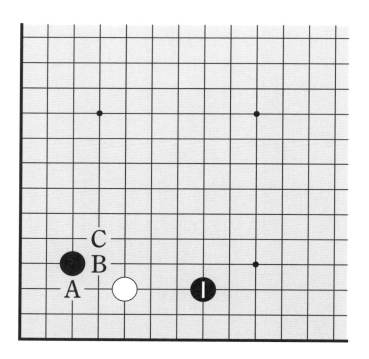

　이번 주제는 흑1의 두칸협공. 이처럼 낮은 협공일 때
는 백도 A와 B의 귀쪽 붙임과 C의 날일자씌움이 주로
쓰이며, 중앙 뜀은 실속이 없기에 운영하기 어렵다.

　A와 B의 붙임은 소극적이지만 간명책이고, C의 날일
자씌움은 능동적 수단으로 많이 둔다. 여기서는 이들 수
단에 대해 기본 변화 위주로 알아본다.

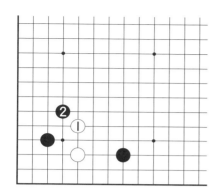

1도(백이 쫓기는 흐름)

두칸의 낮은 협공에서 백1로 한
칸 뛰는 것은 보통 금물이다.

　흑2로 받고 나면 백이 근거가
없어 쫓기는 흐름이다.

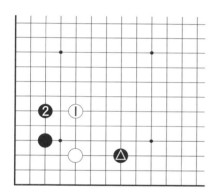

2도(실속이 없는 흐름)

백1의 두칸뜀이라면 가벼운 행마
로 사용하기도 하지만, 흑2로 벌
리고 나면 ▲가 낮은 만큼 백이
역시 운영하기가 어려워 보통 실
속이 없는 흐름이다.

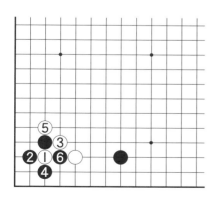

3도(흑의 반발)

백이 자체 안정하려면 귀쪽 붙임
을 생각할 수 있는데 1, 3의 수순
이면 흑4의 반발에 대비해야 한
다. 백5의 되단수는 기세이지만
흑6 다음~

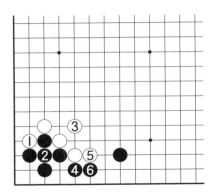

4도(견고한 실리)

백이 1, 3으로 모양을 갖출 때 흑 4, 6으로 넘어가면 AI의 관점에서 실리가 견고한 흑의 만족으로 본다.

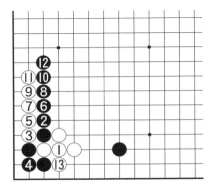

5도(AI의 대안)

3도 흑4 때, 백이 1로 잇는 모양은 나쁘지만 흑2에 백3으로 끊는 것이 AI의 대안이다.

이때 흑4로 귀쪽을 이으면 백5 이하 11까지 기어서 세력은 허용하지만 13으로 귀의 실리를 취해서 백이 불만 없다고 본다.

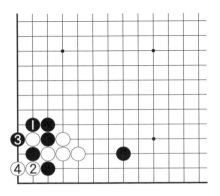

6도(유연한 타협)

앞 그림 백3 때, 차라리 흑은 1, 3으로 변의 한점을 잡는 것도 유연한 타협으로 본다.

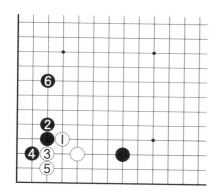

7도(귀에서 안정)

백이 귀에서 안정하려면 1쪽에서 붙이고 3, 5로 자세를 잡는 것이 확실한데, 흑도 6으로 벌리면 충분하다.

상황에 따라 백이 간명하게 처리하고 싶을 때만 사용한다.

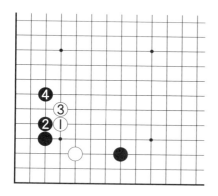

8도(능동적 씌움)

백1의 날일자씌움이 AI가 가장 선호하는 능동적 대응이다.

흑이 싸움을 피하자면 변에서 받는데 2, 4로 진출하면~

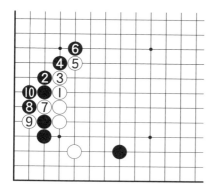

9도(백, 밀어붙임)

백1, 3의 밀어붙임이 강수이다. 흑도 강하게 맞서자면 4, 6의 이단젖힘인데 백7, 9로 나와 끊고 흑10의 이음은 필연이다.

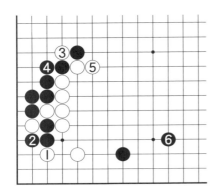

10도(하변 안정이 급선무)

이다음 백1로 귀를 활용하고 백
3, 5로 모양을 갖출 때, AI는 흑
6으로 하변을 안정하는 것이 급
선무로 보며 무난한 타협으로 판
단한다.

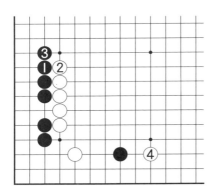

11도(귀의 활용을 피하는 방안)

9도 백3 때, 흑이 귀의 활용을 피
하려면 1로 늘어두는 것도 한 방
안이다.

　백도 2로 또 밀고 4로 협공해
서 세력을 발판으로 국면을 주도
하면 충분하다.

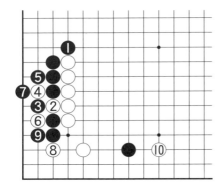

12도(백, 효과적 국면 주도)

앞 그림 백2 때, 뒤늦게 흑1로 젖
히면 백2, 4로 끊어 6, 8을 활용
한 후 10으로 협공해서 백이 효
과적으로 국면을 주도하는 흐름
이다. 수순 중 백이 4쪽으로 끊은
것은 귀를 확실하게 활용하기 위
함이다.

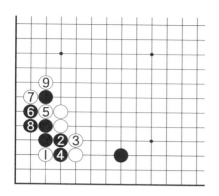

13도(백, 귀의 붙임)

8도 다음 백이 귀를 중시한다면 1로 붙일 수 있다.

흑2, 4로 뚫고 나오면 백은 5로 좌변을 공략해서 7, 9로 한점을 잡으면 충분하다.

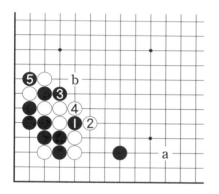

14도(흑이 끊는 경우)

이다음 흑1의 끊음이 강수이지만 백2의 단수가 효과적 대응이다.

좌변 흑이 3으로 나와 5로 한점을 잡지만 백도 두텁게 한점을 따냈고, 다음 백이 a의 협공이나 b로 씌우면 국면을 주도하는 흐름이다.

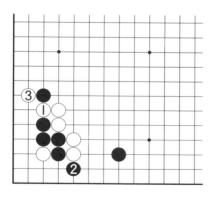

15도(타협 흐름)

백1에 흑도 좌변을 무시하고 2로 하변 젖힘이 현명하며 백3으로 좌변을 관통하면 타협 흐름이다.

서로 모양이 확정되지 않았지만 균형이 잡혀있다.

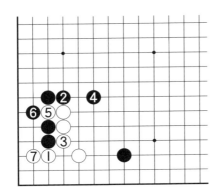

16도(흑이 변을 중시할 경우)

백1에 흑이 변을 중시하면 2로 밀어올린 후 7까지도 흔히 등장하는 변화이다.

　백이 선수를 잡고 싶다면~

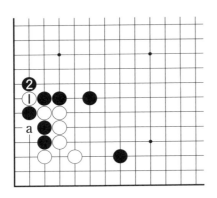

17도(백, 끊고 손뺌)

이 시점에서 백1로 끊어 놓으면 a의 단점이 남으므로 백이 손을 돌려도 된다. 대신 흑도 2로 한점을 잡아 좌변이 두터워졌다.

　AI는 백이 a까지 활용해놓는 것이 실전적이라 보며 앞 그림보다 이 그림을 권한다.

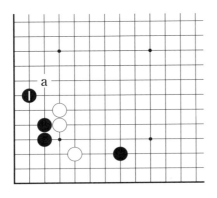

18도(흑의 일책)

변과 귀에서 백의 주도적인 수단을 견제하고 싶다면 안전하게 흑1의 날일자 진출도 일책이다.

　다만 낮은 자세이므로 차후 a의 눌림은 감수해야 한다.

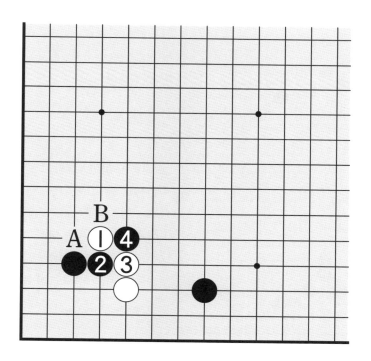

　　두칸협공에서 백1의 날일자씌움에는 흑도 2, 4의 끊음이 강력한 대응인데 치열한 싸움을 피할 수 없다.

　　백은 A와 B의 대응이 대표적이다. 백A의 압박은 낮은 협공에서는 바람직하지 않고 B로 늘면서 팽팽한 공방이 많은데, 이후 변화를 통해 어떻게 타협점을 찾아가는지 알아본다.

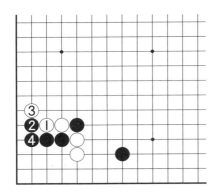

1도(귀를 막는 경우)

백1로 귀를 막는 것은 흑2, 4로 젖혀 잇고 나면 백이 대처하기 거북하다.

다음 백의 주요 행마를 몇 가지 살펴보면~

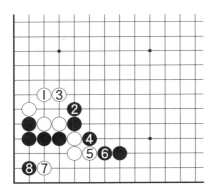

2도(백, 수상전 필패)

우선 백1의 호구이음이면 흑2에 백의 행마가 꼬인다. 백3에 보강한다면 흑4, 6으로 알기 쉽게 틀어막아 그만이다. 백7로 귀에 진입해도 흑8로 방어하면 백이 어떻게 해도 수상전 필패이다.

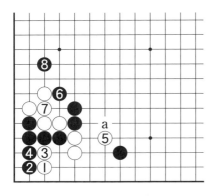

3도(행마의 묘)

앞 그림 흑2 때 백1, 3으로 귀에 진입한 후 5로 나가면 흑6, 8로 좌변을 압박하는 것이 행마의 묘이다. 이후 변화가 어렵지만, 흑이 a의 붙임을 적절히 활용하면 설사 귀가 잡혀도 국면을 주도할 수 있다.

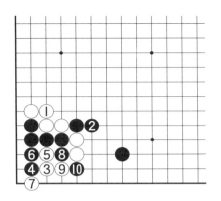

4도(조여서 백의 죽음)

1도 다음 백1로 꽉 잇는 것이 뒷맛 없지만 이번에는 흑2로 늘어 하변 백을 추궁한다.

이때 백3 이하 7로 귀를 잡으러 가면 흑8, 10으로 끊은 후 조여 백이 잡힌다.

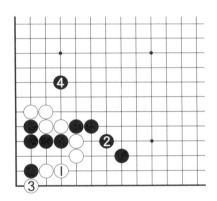

5도(흑, 활발)

앞 그림 흑4 때 백1은 귀를 추궁하며 중앙으로 나가는 맛도 보겠다는 뜻이지만, 흑2로 진로를 차단하고 백3에 흑4로 좌변을 추궁하면 흑이 활발한 흐름이다.

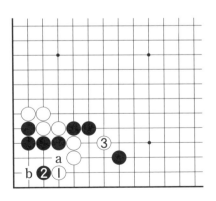

6도(서로 어려운 변화)

4도 흑2 때 백1의 마늘모 행마면 3 다음 흑이 a를 선수해도, 백이 귀에 b로 붙이는 패맛을 남기며 중앙으로 나갈 수 있다. 이후 변화는 서로 어려워서 주변 상황에 따라 처리하는 것이 현명하다.

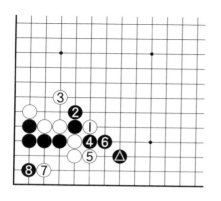

7도(백, 불리)

1도 다음 백1, 3은 흑❷로 낮은 협공에서는 바람직하지 않다.

흑4로 끊을 때 하변 진출이 차단된 백이 5, 7로 귀에 진입하며 수상전을 벌이지만, 흑8 다음 양쪽 모두 허술한 백이 불리한 진행이다.

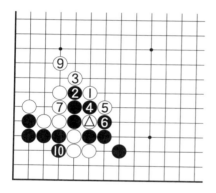

8도(백, 씌움)

앞 그림 흑6 때 AI는 백1로 씌우면 이하 10까지 필연이며, 하변 흑 실리에 맞서 백도 좌변을 두텁게 선수로 지켰으니 서로 어울린 타협으로 본다. 애초 흑도 앞 그림 백3 때 좌변을 밀고 끊으면 효과적이다.   ❽··△

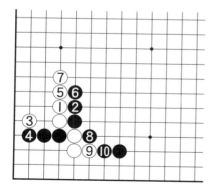

9도(변쪽에 늘고 나서의 변화)

처음으로 돌아가서, 낮은 협공에서는 백1로 변쪽에 느는 것이 싸우기 편하다. 이때 흑2 이하 밀어 7까지 되고 나서 8, 10으로 하변을 틀어막으면 귀와의 수상전이 어떻게 될까.

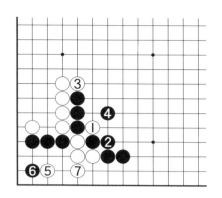

10도(수상전 유도)

백이 1, 3으로 선수해두고 5, 7로 귀와 수상전을 유도하면 흑이 불리한 흐름이다.

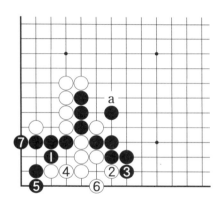

11도(백이 아주 유리한 흐름)

이후 수상전만 따지면 어느 한쪽이 일방적이지 않는데, 흑1에는 백2의 선수 활용을 토대로 7까지 각생이다. 이 결과 서로 변에 진영을 갖췄지만, AI는 백이 선수이고 a쪽 활용도 남아 아주 유리한 흐름으로 본다.

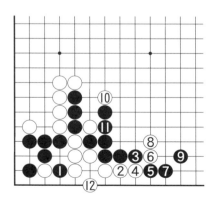

12도(백이 약간 활발한 흐름)

앞 그림 백2 때 흑1로 잡으면 백2, 4로 나간다. 흑5로 막으면 백6으로 끊어 10까지 활용한 후 12로 사는 데까지 AI의 유력한 변화이다. 백이 약간 활발한 흐름으로 보지만, 흑도 이 진행이 앞 그림보다 훨씬 낫다.

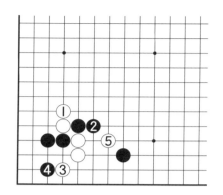

13도(백, 활발)

거슬러 올라가, 백1에는 흑2로 느는 것도 일책이다.

백3의 마늘모는 흑4로 막으면 백5로 변에 진출하려는 뜻으로 이렇게 되면 흑진을 갈라 백이 활발한 흐름이다.

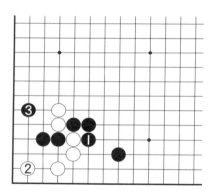

14도(효과적 막음)

앞 그림 백3 때 흑1의 변쪽 막음으로 백을 가두고 귀와 접전을 붙이는 것이 효과적이다.

이때 백2로 귀에 진입하면 흑3으로 변에 진출하면서 수를 늘려 흑이 충분히 싸울 수 있다.

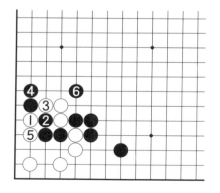

15도(어울린 타협)

이다음 백1로 건너 붙이면 흑2 다음 4, 6의 장문이 효과적이다. 백이 선수로 석점을 잡았지만 흑도 두텁게 바깥을 봉쇄했다.

이 진행이면 AI는 서로 어울린 타협으로 본다.

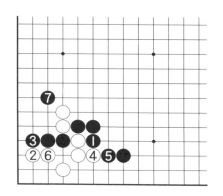

16도(백, 욕심)

흑1에 백2 이하 6으로 귀의 근거를 크게 확보하려는 것은 욕심인데, 흑이 7로 진출하면 백이 불리한 진행이다.

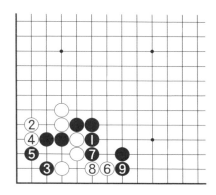

17도(수상전 유도)

흑1에 백은 2로 변쪽에서 제어하며 수상전을 유도하는 것이 효과적이다.

흑3에 막은 후 9까지 수순을 밟고 나서가 문제인데~

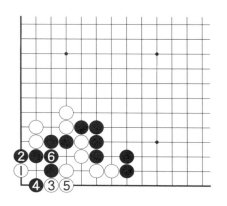

18도(수를 늘리는 급소)

백1로 치중하고 3, 5로 젖혀 이으면 흑6의 이음이 수를 늘리는 급소이다.

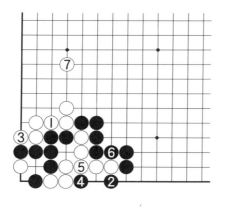

19도(백의 선수 빅)

이다음 백도 1 이하의 수순으로 조이며 6까지 수상전에서 선수 빅을 만들 수 있다.

백7로 보강하고 나서 각자 변에 형성된 두터움을 비교해보면, AI 안목에서 백이 약간 기분 좋은 결과이다.

20도(수를 줄이는 맥)

수상전만 생각하면 백이 좋은 수단이 있는데, 18도 흑4 때 백1로 먹여치며 3에 잇는 것이 수를 줄이는 맥이다.

흑4에 백5로 되고 나서~

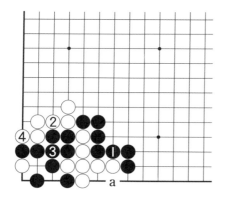

21도(팻감을 최대한 활용)

흑1 이하 조여 가서 마지막 흑a의 단수에 단패가 된다.

백은 맥을 구사하며 선패를 만들었지만, 흑의 두터움이 상당한 데다 a를 당장 결정하지 않고 팻감을 최대한 활용하면 AI는 흑이 절대 유리한 국면으로 본다.

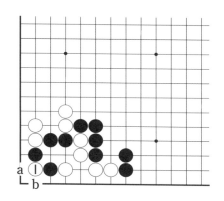

22도(집어넣는 맥)

사실 17도 다음 백1로 집어넣는 수가 생각하기 어려운 수상전의 맥이다.

흑은 a나 b의 단수, 둘 중 하나를 선택해야 하는데~

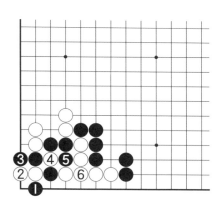

23도(왼쪽으로 모는 경우)

흑1, 3으로 왼쪽으로 몰면 백4, 6으로 먹여치고 잇는 것이 수를 줄이는 맥이다.

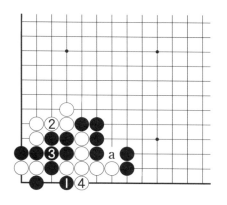

24도(늘어진 패)

이다음 흑1에 백2, 4로 된 결과를 보면 21도의 단패보다 백이 여유 있는 늘어진 패이다.

흑이 a로 수를 줄여도 백이 한 번 손을 뺄 수 있다는 뜻이기도 한데, AI의 눈에는 이제야 서로 균형이 잡힌 흐름으로 본다.

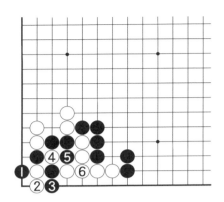

25도(수상전 백승)

22도 다음 흑1, 3으로 아래쪽으로 단수치는 것이 복잡한 패를 피하는 수순이다.

역시 백4로 먹여칠 때 흑5로 그냥 잡으면 백6에 이어 수상전 백승이다.

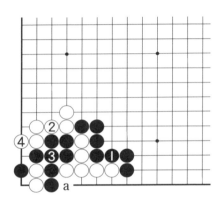

26도(백승 확인)

이다음 흑1에 백2, 4로 정확한 수순을 밟으면 백승을 확인할 수 있다. 수상전에서는 백4로 a부터 수를 줄이면 오히려 흑승이므로 주의한다.

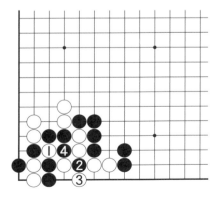

27도(흑의 묘수)

실은 백1 때 흑도 2로 먹여치는 것이 묘수이다.

백3에 따내면 흑4로 단수치면서 자연스럽게 백의 수가 하나 줄어든다.

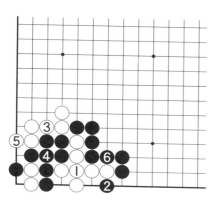

28도(유가무가 흑승)

이다음 백1에 잇고 흑2 이하 6까지 서로 수를 줄여 가면 이 수상전은 유가무가로 흑승이다.

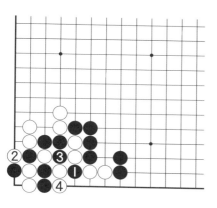

29도(서로 따냄)

흑1로 먹여칠 때 백도 2로 한점을 따내고 서로 흑3과 백4로 두점을 따내면 이제는 타협이다.

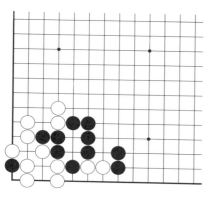

30도(타협안)

아주 긴 여정을 거쳐서 서로 타협안을 찾았다.

결과를 다시 보여주고 있지만 AI도 거의 균형이 잡힌 진행으로 인정한다.

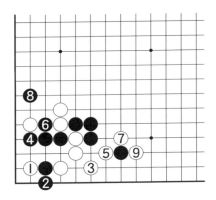

31도(껴붙이는 변화)

17도 흑3 때 백1의 껴붙임은 흑2에 백3을 선수로 활용해서 5로 수를 늘리며 귀를 노리겠다는 뜻이다. 흑6 이하 9까지 서로 좌변과 하변을 제압하며 타협하는 흐름이면 무난하다.

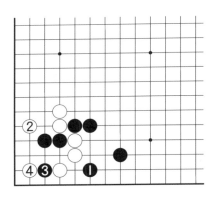

32도(변의 근거부터 공격)

거슬러 올라가 13도 백3 때, 흑1로 변의 근거부터 공격하는 방법도 유력하다. 백도 2로 좌변에서 압박하고 흑3에 백4의 껴붙임이 타개 방안이다.

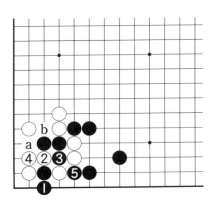

33도(팽팽한 결과)

이다음 흑1에 백2로 끼우면 백3, 5는 필연이다. 흑이 하변을 두텁게 제압했지만 백이 선수이고 a와 b의 조임도 활용이 되므로 팽팽한 결과이다.

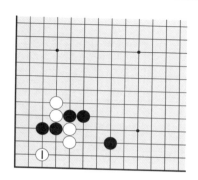

▦ 장면

이 장면에서 흑1 날일자로 귀에 진입하면 백은 어떻게 대응할지 생각해보자.

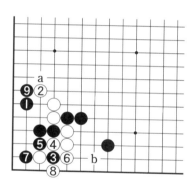

1도(흑, 건너붙임)

변에 흑1을 선수해놓고 3의 건너붙임이 맥이다.

백4로 차단하면 흑5, 7로 귀에 근거를 갖춘 후 9로 밀어서 a와 b를 노리면 흑의 타개가 순조롭다.

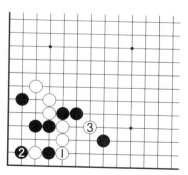

2도(효율적 진출)

1도 흑3 때 백도 1을 선수한 후 3으로 진출하는 것이 효율적이며, 앞으로 중앙 전투가 초점이다.

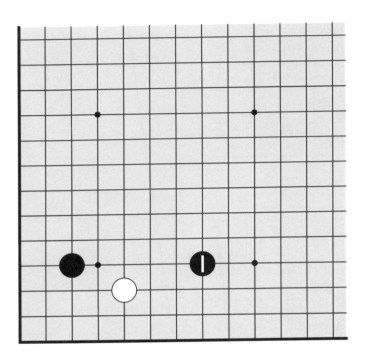

  이번 주제는 흑1의 두칸높은협공인데 AI의 영향으로 진화된 수법도 실전에 많이 등장한다.

  우선 이번 형에서는 중앙으로 뛰거나 귀에 붙이는 등 비교적 예전에 많이 사용했던 변화에 대해 알아본다.

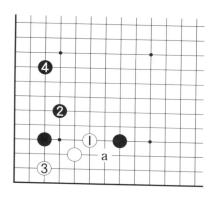

1도(백, 견실하지만 소극적)

백1의 마늘모 수비는 견실하지만 소극적이다.

서로 4까지 모양을 갖추면 일 단락인데 차후 a의 공격이 기분 좋은 흑이 국면을 주도할 가능성 이 높다.

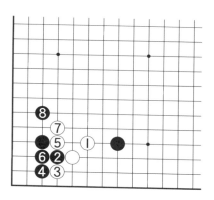

2도(귀를 중시하는 경우)

백1에 흑2의 붙임은 귀를 중시하 겠다는 뜻인데, 백3의 젖힘 이하 8까지 상형이다. 실리는 허용했 지만 백도 견실하고 선수여서 AI 는 호각으로 본다.

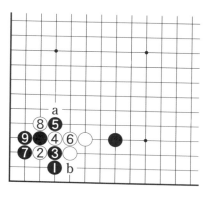

3도(귀에서 발전된 수단)

귀에서 흑1의 날일자는 발전된 수단이다. 백은 2로 건너붙이고 4로 끊는 것이 맥이며 흑5 이하 9까지 필연이다.

다음 백은 a와 b의 선택이 기 다리는데~

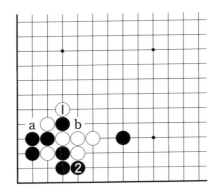

4도(한점을 잡는 경우)

백1로 한점을 잡으면 흑2의 꼬부림이 요소이며 서로 어울렸다. 이후 백이 여기를 보강한다면 a로 막는 것이 흑b로 나가는 맛을 미연에 방지하는 역할도 겸한다.

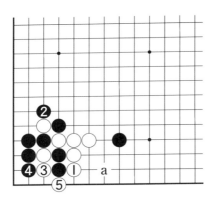

5도(변을 막는 경우)

3도 다음 하변 백1로 막으면 흑은 두점을 살리기보다 좌변 2로 한점을 잡는 것이 우선이다.

백3, 5로 잡아서 타협이지만 차후 흑a로 압박하면 백이 시달릴 모양이라 흑이 불만 없다.

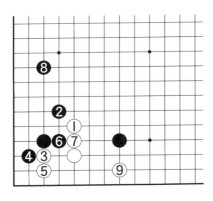

6도(백, 낮은 자세)

기본형 다음 백이 중앙으로 뛰는 경우 백1의 한칸이면 이하 9까지 이전에 많이 두던 변화이다.

화점에서도 나왔지만 AI는 백9와 같은 낮은 자세를 선호하지 않는 만큼 흑이 편한 흐름이라 봐도 좋겠다.

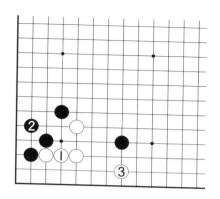

7도(근거를 위한 효율적 달림)

어차피 백이 근거를 위한다면, 백 1로 잇고 3으로 달리는 것이 앞 그림보다 약간 효율적으로 본다.

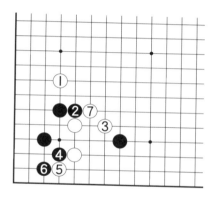

8도(활동적 행마)

6도 흑2 때 좌변 백1로 다가서고 3의 뜀. AI는 이 모양에서 백1, 3이 활동적 행마로 본다.

이하 7까지 AI의 변화인데, 흑 도 귀를 지켜서 불만 없다.

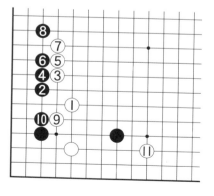

9도(두칸뜀의 경우)

백1의 두칸뜀이면 흑2에 백3으로 눌러갈 수 있다. 흑4 이하 8까지 온건하게 받으면 백9로 보강한 후 하변 11이나 근방에서 협공해 허용한 실리의 대가를 구하는 것이 하나의 흐름이다.

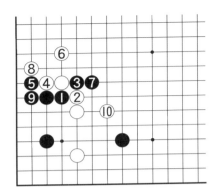

10도(중앙 전투)

앞 그림 백3 때 흑1, 3으로 나와 끊으면 중앙 전투로 이어진다.

이하 10까지 상형인데 이제부터는 주변 여건에 따라 싸운다.

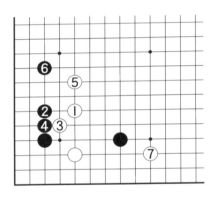

11도(흑, 한칸 응수)

백1에 흑2의 한칸은 AI의 일순위 추천이며 백 두칸의 엷음을 노리겠다는 뜻이다.

백3, 5로 보강하면서 뛴 후 7로 협공하는 흐름이 자연스럽다.

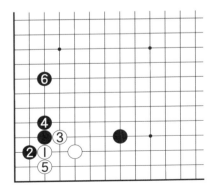

12도(간명책)

처음으로 돌아와서 백1의 붙임은 간명책이다.

백3에 흑4로 늘면 백5로 귀에서 안정하고 흑6에 벌리면 타협인데, 넓은 국면이라면 흑이 후수이지만 활동적이라 불만 없다.

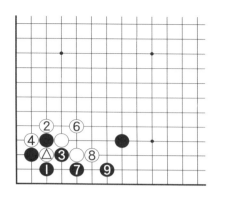

13도(서로 반발)

앞 그림 백3 때 흑1의 단수는 귀의 안정을 주지 않으려는 주도적인 반발이다.

백도 2로 반발해서 6까지 모양을 갖추면 흑7, 9로 넘는 흐름인데, 다른 형에서도 보았듯이 이런 진행은 흑이 유리하다. ⑤·△

14도(실전적 이음)

흑1 단수에 모양은 나쁘지만 백2로 잇는 것이 실전적이다.

흑3에 늘 때 백4로 끊은 후 8까지 AI의 변화로 타협하면 서로 무난한 결과이다.

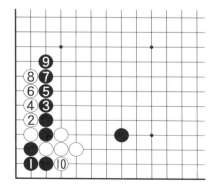

15도(귀쪽을 잇는 경우)

백이 끊을 때 흑1로 귀쪽을 이으면 백2 이하 8까지 기어나가 두터움을 허용해도 10으로 귀를 제압하면 백이 불만 없다.

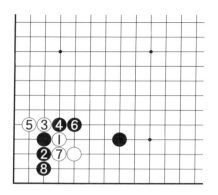

16도(옆구리붙임의 경우)

처음으로 돌아와서, 백1의 옆구리붙임은 흑이 변에 늘면 12도처럼 백이 귀에 안정하겠다는 뜻인데 흑2로 귀에 쑥 들어올 때가 문제이다. 백3의 젖힘이면 흑4의 끊음이 기세이며 이하 8까지 필연의 수순으로 기억한다.

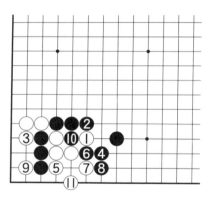

17도(실리보다 두터움)

이다음 백1로 수를 늘린 후 3으로 귀를 추궁하고 나서부터는 이하 11까지 서로 수를 줄이면서 모양을 정리하는 과정이다. 이 진행은 AI 안목에서 귀의 실리에 비해 흑의 두터움이 앞선다.

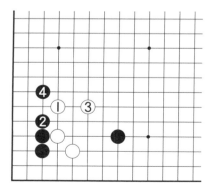

18도(현명한 처리)

16도 흑2 때 차라리 백은 1, 3으로 가볍게 처리하는 것이 현명한데, 흑이 4로 진출하며 약간 편한 흐름이다.

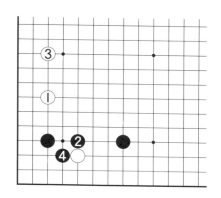

19도(백의 일책)

처음으로 돌아와서 백1, 3으로 좌변 경영도 일책이다. 다른 협공에서도 보았지만 직접 대응하지 않고 유연하게 두려는 뜻인데, 상황에 따른 선택이다.

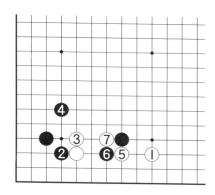

20도(전략적 선택)

하변에서 백1의 다가섬도 전략적 선택이다.

흑2, 4로 귀에 붙여서 압박하면 백5, 7로 맞끊어 타개하는 것이 한 방안이다.

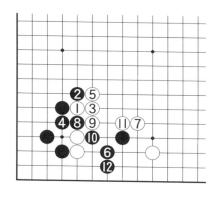

21도(능동적 사석작전)

앞 그림 흑4 때 백1, 3으로 나가는 것은 능동적 방안이다.

흑4에 백5는 중앙 요소이고, 흑6에 추궁할 때 백7로 씌우면서 12까지는 AI가 알려주는 사석작전이다. 실리는 허용했지만 백도 선수로 두터워서 충분하다.

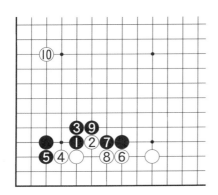

22도(위에서 압박)

흑1로 위에서 압박하면 백2, 4 다음 6으로 건널 수 있다.

흑7, 9로 두텁게 누를 때 백10으로 좌변을 견제하면 AI 안목에서 호각이다.

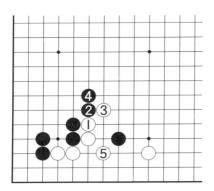

23도(능동적 중앙 진출)

이 시점에서 백이 건너지 않고 1, 3으로 중앙 진출한 후 5로 보강하는 것도 능동적 방안이다.

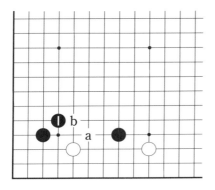

24도(유연한 마늘모 수비)

흑1의 마늘모 수비도 유연한 대응이다. 그러면 백은 a의 마늘모나 b의 붙임으로 움직이는 것이 보통이다.

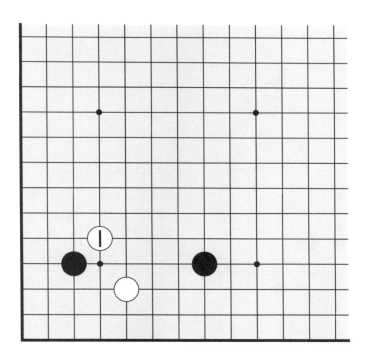

이번에는 두칸높은협공에서 백1의 날일자씌움인데 가장 능동적 수단이다.

다른 협공과 마찬가지로 이처럼 귀쪽을 눌러가는 것이 AI도 선호하는 추세인데, 여기서는 비교적 사용하기에 간편한 기본 변화에 대해 알아본다.

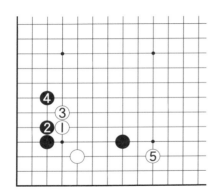

1도(흑, 온건책)

백1의 씌움에 흑2, 4의 응수는 싸움을 피하는 온건책이다.

백5로 협공하면 백도 하변에서 국면을 주도해 충분하다.

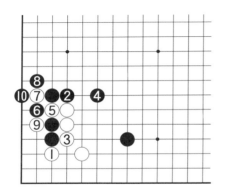

2도(근거를 위한 실리적 선택)

앞 그림 흑4 때 백이 협공 대신 귀쪽 1의 붙임이면 근거를 위한 실리적 선택이다.

흑2로 올라서면 백은 3으로 막은 후 10까지 활용하고 손을 빼는 것이 AI가 애용하는 수순이며, 백이 약간 기분 좋다고 본다.

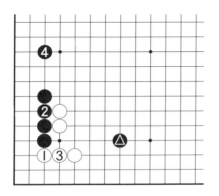

3도(변 중시의 선택)

백1에 흑이 변을 중시하면 2로 잇고 백3에 지킬 때 흑4로 벌리는 변화도 있다.

흑이 변에 치중하고 ▲도 고립되므로 많이 두지 않고 경우에 따른 선택이다.

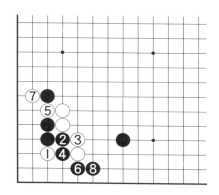

4도(일순위 추천)

백1에 흑2, 4로 차단하는 것이 AI의 일순위 추천이다.

백도 5로 나간 후 8까지 되면 서로 적당한 타협으로 본다.

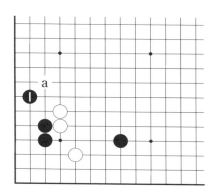

5도(날일자 간명책)

1도 백3 때 흑1의 날일자 진출은 AI가 알려주는 간명책이다. 차후 a의 눌림은 남지만 백이 귀의 붙임이나 변에 밀어가는 수단을 미연에 방어하는 효력이 있다.

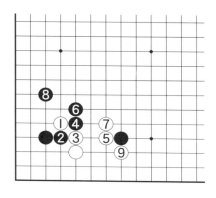

6도(주도적 끊음)

처음으로 돌아와서 백1에 흑2, 4의 끊음은 주도적 선택이다.

이때 복잡한 싸움을 피하자면 백5의 붙임이 맥이며 이하 9까지 서로 진영을 갖추는 것이 그동안 많이 두던 변화였다. 이 진행이면 AI 안목에서 흑이 활발하다.

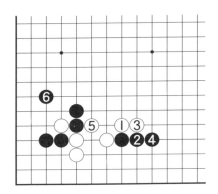

7도(두터운 중앙 정비)

앞 그림 흑6 때 백1로 젖힌 후 5까지 중앙을 정비하면 두텁다.

흑도 6으로 지켜서 무난한 타협이다.

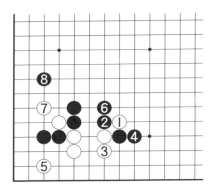

8도(끊는 것이 기세)

백1의 젖힘은 강수이지만 흑도 2로 끊는 것이 기세이다.

이후 서로 모양을 갖춘 후 백7로 움직일 때 흑8로 유연하게 압박하면, AI는 흑이 국면을 주도하는 싸움으로 본다.

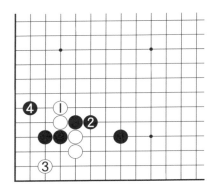

9도(본격 싸움)

6도 흑4 때 백이 좌변 한점을 움직이는 것이 적극적 태도이며 본격 싸움도 이로부터 시작된다.

백1로 늘면 4까지 서로 풍차형의 공방이 필연인데~

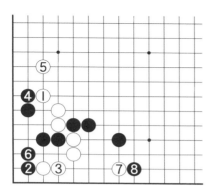

10도(백, 불만)

백1로 좌변부터 움직이면 흑2 이하 6까지 귀를 정리하고 나서 백7로 근거를 확보할 때 흑8의 차단이 통렬해서 백이 살더라도 불만이다.

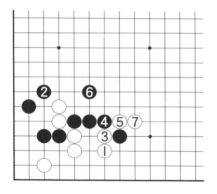

11도(각자 도생)

9도 다음 백1로 하변부터 움직이는 것이 우선이다.

좌변 흑2의 진출은 싸움을 피하면서 각자 도생하자는 뜻인데, 이하 7까지 서로 모양을 구축하면 백도 하변 한점을 제압해서 불만 없다.

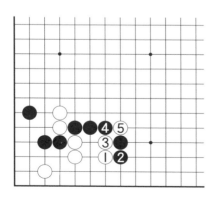

12도(서로 기세)

백1에 흑2로 막고 백3, 5로 끊는 것이 서로 기세이다.

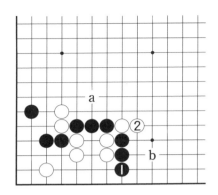

13도(흑이 거북한 싸움)

이다음 흑1로 하변부터 돌보면 백2로 늘 때 a와 b의 압박이 맞보기여서 흑이 거북한 싸움이다.

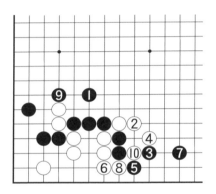

14도(서로 두점 제압하며 타협)

12도 다음 흑1로 중앙부터 돌보는 것이 무난하다. 백이 2 이하 6까지 하변을 추궁하고 나서 8을 활용할 때 흑9와 백10으로 서로 두점을 제압하면 타협인데 AI는 호각으로 본다.

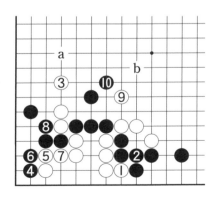

15도(치열한 전투)

백1에 흑2로 이으면 백이 좌변을 움직이면서 국면이 요동친다.

백3이면 흑4로 붙인 후 8까지 귀쪽이 정리되며 중앙 백9에 흑 10 다음 백은 a나 b의 선택인데 치열한 전투가 예상된다.

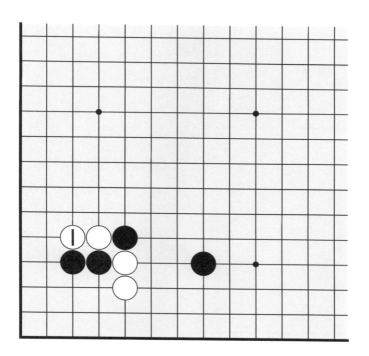

두칸높은협공에서는 흑이 나와 끊을 때 백1로 막는 것이 가장 변화가 많고 어렵다. 이제부터 우열을 단정하기 어려운 본격 싸움으로 돌입한다.

싸움이 심화되는 과정을 이해하는 데 AI가 바라보는 관점도 주목한다.

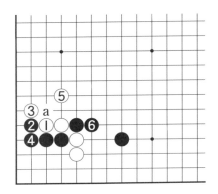

1도(백이 거북한 싸움)

백1로 막으면 우선 흑2, 4의 수비는 필연이다.

이때 백5로 그냥 뛰면 흑6으로 늘어 a의 약점이 남은 백이 거북한 싸움이다.

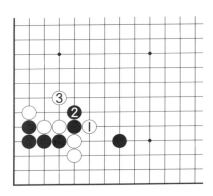

2도(효율적 행마법)

앞 그림 흑4 때 백1, 3으로 몰아가는 것이 AI가 알려주는 효율적인 행마법이다.

이제부터 서로 싸움의 기술을 요하는 단계인데~

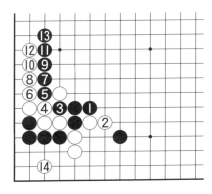

3도(수상전 백승)

좌변 흑1 이하 5로 끊어 추궁하면 백6 이하 12까지 밀어 수를 늘린 후 14로 귀와 수상전은 백승이다.

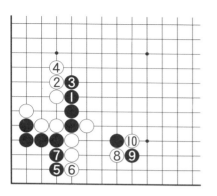

4도(안일한 생각)

2도 다음 흑1, 3으로 밀어놓고 5, 7로 귀를 살리는 것은 안일한 생각이다.

백은 자연스럽게 좌변이 강화되었고 하변도 8, 10이면 타개가 가능하므로 순조로운 흐름이다.

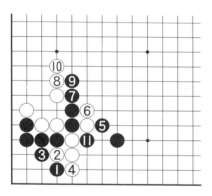

5도(하나의 방안)

2도 다음 흑1로 귀의 진입을 견제한 후 5의 붙임으로 좌변까지 연계해서 추궁하는 것이 하나의 방안이다. 백6으로 나가면 흑7, 9로 밀어놓고 11로 끊는다.

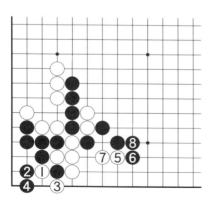

6도(붙이는 맥)

이다음 백1, 3을 선수한 후 5의 붙임이 맥이며 이하 8까지 필연이다.

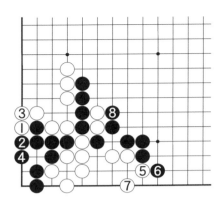

7도(초기의 변화)

계속해서 백이 1, 3을 활용한 후 5, 7로 사는 대신 흑은 8로 두점을 제압하며 중앙 두터움으로 대응해서 타협 흐름인데, 이 전투의 초기에 많이 두던 변화이다.

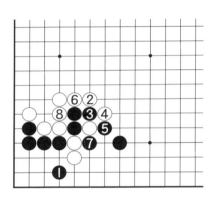

8도(사석작전)

흑1에 백2의 씌움이 국면을 넓게 보는 발전된 대응이다. 흑3에 백 4 이하 8까지 돌려쳐서 사석작전을 펼치겠다는 뜻이다.

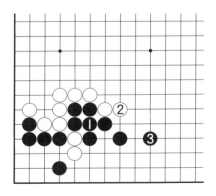

9도(상황에 따른 선택)

이다음 흑1에 잇고 백2에 흑3으로 벌리면 하변 실리도 크지만, AI의 안목은 선수로 견실한 두터움을 형성한 백도 충분하다고 본다. 하변은 뒷문이 열린 만큼 맛도 남아있어 백이 상황에 따라 선택할 수 있는 변화이다.

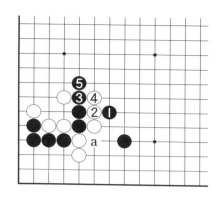

10도(백이 절대 불리)

2도 다음 중앙부터 흑1의 씌움도 이후 진화된 전략이다.

　백2, 4로 나가면 이에 따라 좌변 모양도 취약해지고 a의 약점도 불씨로 남아 백이 절대 불리한 진행이다.

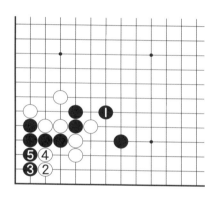

11도(필연)

흑1에는 백2, 4로 일단 귀에서 활용해두는 것이 필연이다.

　다음 백의 행마가 중요한데~

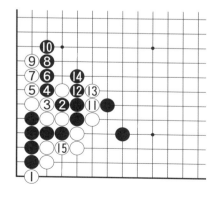

12도(흑, 파탄)

백1로 즉시 잡으러 가면?

　이때 흑2, 4로 끊으면 백5 이하 9로 수를 늘리고 중앙 11, 13으로 관통한 후 15로 귀를 잡아 흑의 파탄이다.

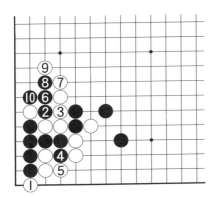

13도(흑, 미흡한 대응)

사실 백1은 무모한 결단인데, 흑도 2로 끊으면 이하 10까지 좌변에서 한점을 잡고 살 수 있지만 미흡한 대응이다.

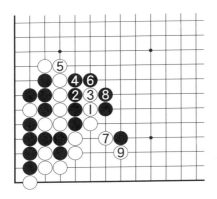

14도(백, 충분)

이다음 백이 1, 3으로 나가 자연스레 5로 잇고 나서 흑6에 백7, 9로 하변을 보강하면, AI는 백이 충분한 흐름으로 본다.

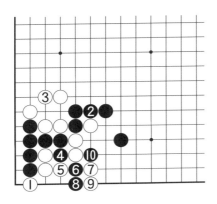

15도(숨겨진 비수)

백1에는 흑2로 꽉 잇는 것이 양쪽 백을 노리는 숨겨진 비수였다.

좌변 백3에 지킬 때 흑4, 6으로 끊고 이하 10으로 또 끊어 조이면 백의 죽음을 쉽게 확인할 수 있다.

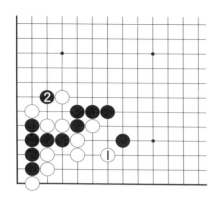

16도(붙이는 맥)

앞 그림 흑2 때 백1로 지키면 좌변 흑2의 붙임이 맥이며, 백이 어떻게 대응해도 아주 불리한 진행이다.

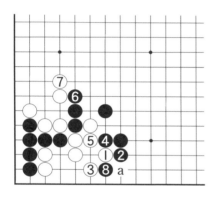

17도(서로 어려운 싸움)

11도 다음 백도 하변부터 처리하는 것이 우선인데 1, 3의 호구로 모양을 갖추는 것이 한 방안이다.

흑이 4 이하 8로 압박하면 백은 a의 패를 담보로 싸우는데 다음은 서로 어렵다.

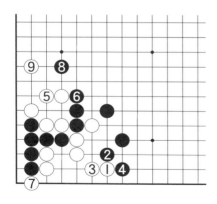

18도(모양의 급소)

11도 다음 백1의 날일자도 유연한 행마인데 흑2의 붙임이 모양의 급소이다.

백3에 물러서면 이하 9까지 AI의 유력한 변화인데, 귀는 잡혔지만 흑도 주변을 두텁게 포위해서 서로 어울린 타협으로 본다.

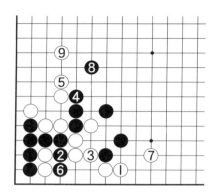

19도(무난한 타협안)

앞 그림 흑2 때, 백1로 진출하면 흑2에 백은 귀를 살려주면서 3 이하 9까지 양쪽 변을 처리하는 것이 AI의 무난한 타협안이다.

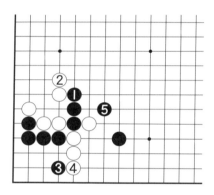

20도(간명한 방안)

2도 다음 흑1, 3을 선수하고 5로 포위하는 것도 간명한 방안이다.

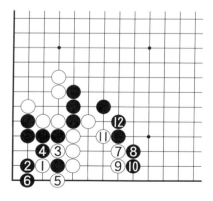

21도(백의 대응)

이다음 백도 1 이하 5로 귀를 활용해놓고 이하 12까지 변을 선수로 살아두면 충분하다.

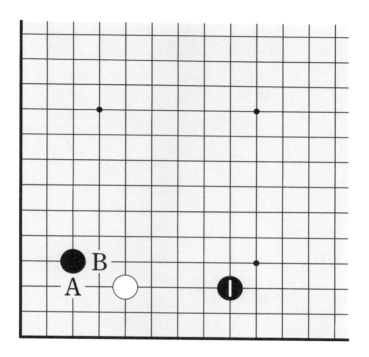

이번 주제는 흑1의 세칸협공인데 국면을 넓게 사용하려는 의도에서 많이 둔다. 백은 귀로 붙여 정리하는 방법과 중앙으로 향하는 능동적 대응이 대표적 선택이다.

이번 형에서는 귀쪽 A와 B의 붙임이 본론이고, 더불어 변에서의 간명한 변화에 대해서도 알아본다.

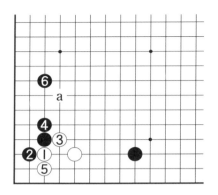

1도(무난한 타협)

백1로 귀의 3三에 붙인 후 6까지 되면 백이 의도한 가장 무난한 타협인데, 흑도 공간을 넓게 사용해서 충분하다. 흑6은 상황에 따라 변의 발전성을 원한다면 a의 날일자 행마도 일책이다.

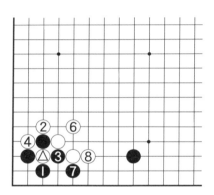

2도(흑, 유리)

앞 그림 백3 때 흑1의 단수는 다른 협공에서도 항시 보았던 반발이다. 백2로 되단수해서 이하 8까지면 백도 정비됐지만, AI 관점에서 이런 모양은 흑이 유리한 흐름으로 본다.

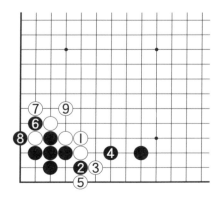

3도(흑, 만족)

앞 그림 흑5 때 백1로 이은 후 9까지는 AI의 정비법으로 백이 앞 그림보다 약간 낫다고 보는데, 아무튼 이 변화도 흑의 만족이다.

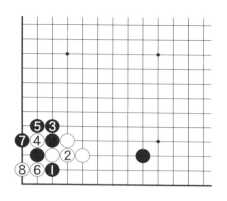

4도(백도 둘만하다)

흑1에 백2의 이음이면 우형이 되기에 두면 안 되는 것이 그동안의 상식이었다.

다른 협공에서도 보았듯이 AI는 흑3에 늘 때 백4로 끊은 후 8까지 좌변 흑 모양도 뭉쳐 백도 둘만하다고 본다.

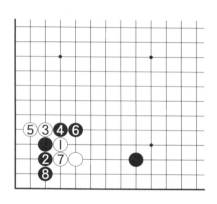

5도(옆구리붙임의 경우)

처음으로 돌아가서, 백1의 옆구리붙임은 2도의 반발을 피하면서 흑이 변에 늘면 백이 귀에서 안정하려는 뜻인데, 이번에는 흑2의 반발도 고려해야 한다.

백3과 흑4는 서로 기세이며 8까지 상용 수순이다.

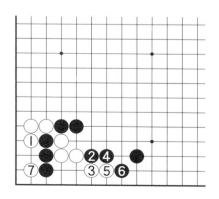

6도(틀어막는 것이 선수)

이다음 백1로 즉시 수를 줄이면 흑이 2 이하 6까지 틀어막는 것이 선수가 되어, 백이 약간 불만이다.

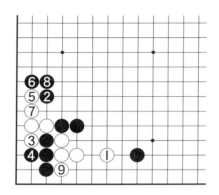

7도(효율적 활용)

5도 다음 백1로 벌려 하변 봉쇄를 피하는 것이 우선이다.

흑도 2로 포위해서 이하 8까지 좌변을 두텁게 활용하는 것이 효율적이며, 이 진행이면 AI는 적절한 타협으로 본다.

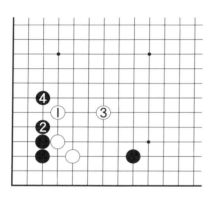

8도(싸움을 피하는 방안)

5도 흑2 때 백이 싸움을 피하고 싶다면 1, 3으로 날렵하게 두는 것도 일책인데, 이 경우 실속이 없고 하변 흑을 공격하기에도 거리가 멀어 바람직하지 않다.

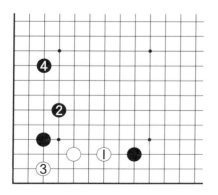

9도(백의 일책)

세칸협공에서는 백이 간명하게 두자면 1의 벌림도 일책이다.

흑2의 날일자는 변을 중시하며 서로 백3과 흑4로 안정하면 무난한 타협이다.

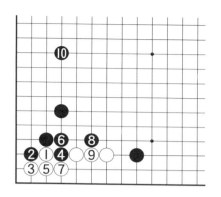

10도(효율적인 대응법)

앞 그림 흑2 때 백1, 3으로 귀에 파고들면 흑은 4, 6을 선수하고 8을 활용한 후 10으로 벌리는 것이 AI의 효율적인 대응법이다.

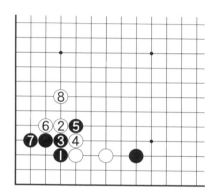

11도(능동적 대응)

흑이 귀를 중시하면 1로 붙이는데 백2의 씌움이 능동적 대응이다. 이때 흑3, 5로 반격하면 백도 6, 8로 모양을 갖춰 충분한 싸움이다.

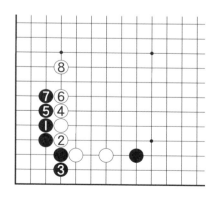

12도(서로 어울린 흐름)

앞 그림 백2 때 흑1로 받는 것이 무난하며 이하 8까지 서로 어울린 흐름이다.

백은 실리를 허용한 대신 두터움을 이용해 하변 공격에 주도권을 쥐고 있다.

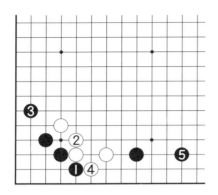

13도(서로 정돈된 모양)

백이 씌울 때 흑1로 귀부터 젖힌 후 3의 날일자 진출도 유력한 방안이다.

　백4로 막으면 흑5로 벌려 서로 정돈된 모양이다.

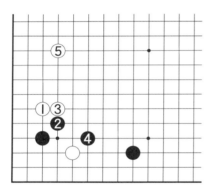

14도(적극적 좌변 경영)

세칸협공에서도 상황에 따라 백이 되협공하며 좌변 경영에 나설 수 있다.

　적극적으로 두자면 백1로 바짝 다가선 후 5까지 하나의 방안이다. 차후 귀는 상황에 맞게 활용하는 맛이 남아있다.

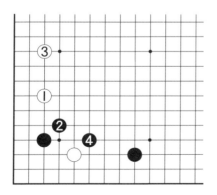

15도(온건한 두칸벌림)

백이 좌변에서 온건하게 두자면 1, 3의 두칸벌림이 무난하다.

　흑도 후수이지만 4로 제압해서 불만 없다.

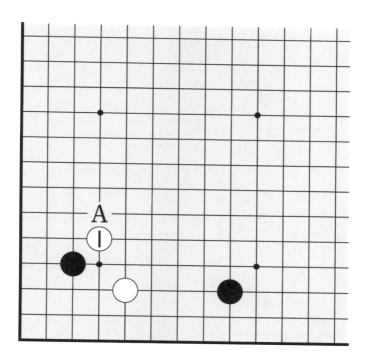

이번에는 세칸협공에서 백이 중앙으로 움직이는 능동적인 변화에 대해 알아본다.

AI 안목에서는 씌우는 수가 발전성이 좋다고 본다. 같은 씌움이라도 백1의 날일자를 실전에서 주로 애용한다. 이와 더불어 A의 눈목자도 많이 두던 전략적 발상이므로 이 두 가지 씌움이 이번 형의 본론이다.

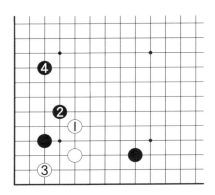

1도(백, 무거운 행마)

세칸협공에서 백1의 한칸뜀은 보통 무겁고 실속 없는 중앙 행마이다. 흑2에 백3으로 뒤늦게 근거를 갖춰봐야 엇박자이다. 흑이 4로 벌리면 충분하다.

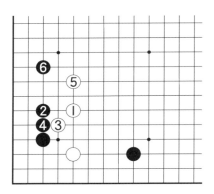

2도(백, 엷은 행마)

백1의 두칸으로 뛴다면 무거움에서 벗어나고 이하 6까지 될 때 앞 그림보다 백이 활동적이지만, 하변 흑을 공격하기에는 모양이 엷고 거리가 멀다.

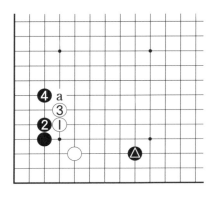

3도(백, 능동적 씌움)

백1의 날일자씌움이 AI도 인정하는 능동적 행마이다.

흑2, 4로 받으면 백이 a로 눌러가며 두텁게 둘 수도 있지만 하변에는 흑▲가 멀어 당장 위협이 되지 않는다.

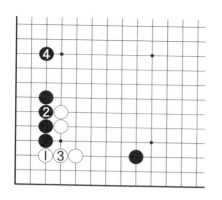

4도(흑, 변에 치우침)

이다음 상황에 따라 귀쪽 백1의 붙임도 생각할 수 있다.

이때 흑2로 잇고 백3에 흑4로 벌리면 예전에 두기도 했던 정석이지만, 흑이 변에 치우치고 후수라는 단점이 있다.

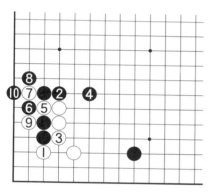

5도(흑이 밀어 올리는 경우)

백1에 흑2로 밀어 올리면 백이 3으로 막은 후 10까지 활용한 후손을 빼서 충분하다.

흑이 귀의 실리는 허용한 대신 중앙으로 진출하며 국면을 넓게 쓰는 것이 특징이다.

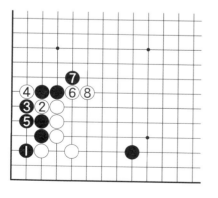

6도(백, 두텁게 진출)

앞 그림 백3 때 흑1로 젖히면 백2, 4를 활용해놓고 6, 8로 두텁게 진출해서 백이 충분하다.

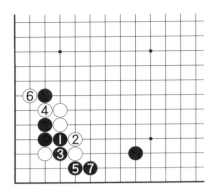

7도(실전적 대응)

백이 귀에 붙이면 흑1, 3으로 차단하는 것이 AI의 실전적 대응이다. 백도 4로 들어가서 이하 7까지 서로 모양을 정돈하면 무난한 타협으로 본다.

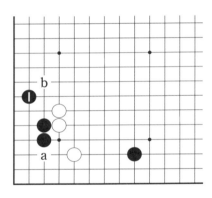

8도(간명한 날일자 진출)

3도 백3 때 흑1의 날일자 진출은 다른 협공에서도 보았던 간명책이다. 이렇게 두면 a쪽 귀의 수단과 좌변에서 눌리는 부담을 동시에 방어하는 장점이 있다. 백도 b의 압박을 남기며 당장은 손을 빼는 것이 보통이다.

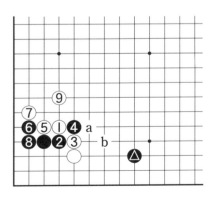

9도(흑, 바람직하지 않은 싸움)

되돌아가서 백1에 흑2, 4로 끊는 싸움은 우군인 ●가 멀기 때문에 바람직하지 않다.

　백5로 막은 후 9까지 알기 쉽게 정리하면 충분한데~

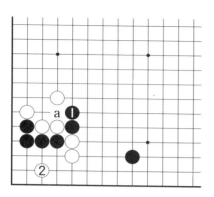

10도(귀를 공격해서 충분)

흑1로 늘면 백2로 귀를 공격해서 충분하다.

흑이 a로 들어가 끊어도 백이 2선으로 기어 대응하면서 귀를 잡으면 유리한 진행이다.

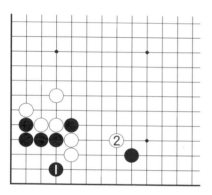

11도(백, 순조로운 싸움)

9도 다음 안전하게 흑이 1로 귀를 방어하면, 하변이 넓은 만큼 백이 2로 움직여서 순조로운 싸움이다.

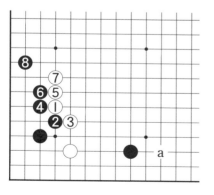

12도(눈목자씌움의 경우)

백1의 눈목자씌움도 한때 유행했던 능동적 수단인데, 눈목자가 엷어 흑도 상황에 따른 선택권이 있다. 흑이 실리를 중시하면 2 이하 8까지 받는데, 하변이 초점이라면 백은 두터움을 배경으로 a로 협공할 수 있다.

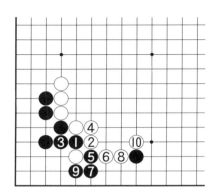

13도(흑, 끼워이음)

앞 그림 백7 때 흑1, 3으로 끼워
잇는 것도 실전적이다.

　백4에 흑5로 끊겠다는 뜻인데,
백도 6 이하 10까지 귀의 실리는
허용했지만 하변과 중앙 일대를
두텁게 정리해서 불만 없다.

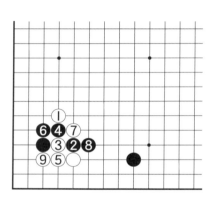

14도(상용 수순)

백1에 흑2의 붙임도 유력하다.
AI의 일순위 추천이기도 한데,
백3으로 끼운 후 9까지 상용 수
순이다.

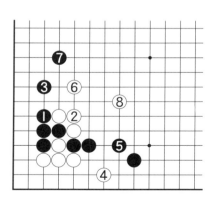

15도(알려진 변화)

이다음 흑1로 밀고 백2로 이은
후 8까지 널리 알려진 정석 변화
이다.

　백이 귀를 차지한 대신 흑은
양쪽 변에 모양을 갖추며 중앙을
노리는 국면이다.

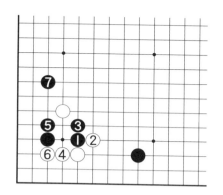

16도(백, 축이 유리할 때)

백은 축이 유리하다면 흑1에 백2
로 젖힌 후 6까지 귀를 차지하고
흑은 7로 벌리며 변에 모양을 갖
춰 타협하는 방안도 있다.

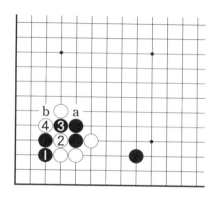

17도(축관계)

앞 그림 백4에 흑1로 막으면 백
2, 4로 끊을 때 문제가 생긴다.

흑이 a쪽 축이 불리하면 b로
잡을 수 없는 만큼 국면도 불리
하다.

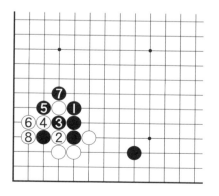

18도(흑의 별책)

16도 백4 때 흑이 중앙을 중시하
면 1로 누르는 수도 AI가 제시하
는 별책이다.

백2, 4로 끊으면 이하 8까지
서로 한점을 잡고 타협한다.

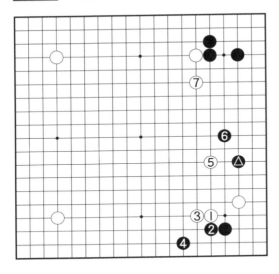

실전 1

우변이 초점. 흑▲의 두칸협공에서 백1의 씌움에 흑2, 4의 날일자 진출은 간명책이다.

백5의 모자로 중앙을 제어한 뒤 7로 우변을 견제해서 무난한 포석 흐름이다.

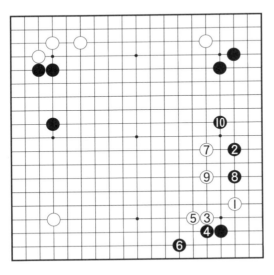

실전 2

우상귀 소목에서의 수비 정석을 배경으로 백1로 걸칠 때 흑2의 세칸협공이다.

백이 3, 5로 눌러간 후 7의 모자씌움은 주도적 행마이며 흑도 8, 10으로 차분히 받은 장면이다.

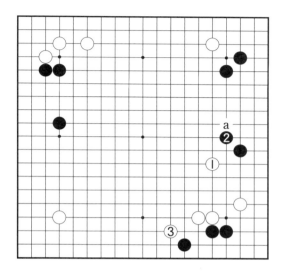

AI 추천

실전 흑6 때 백1로 한 걸음 늦추는 것도 유연한 중앙 운영이다. 흑2로 받을 때 백3의 씌움. AI가 보여주는 유력한 변화이다.

수순 중 흑이 우변을 중시하면 2대신 a로 받는다.

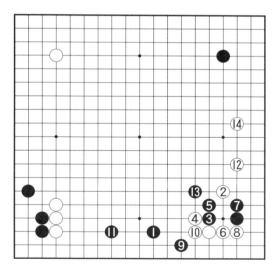

실전 3

우하귀가 초점. 흑1의 세칸협공에 백2의 눈목자씌움이다.

흑3으로 붙이면 백4 이하 8까지 필연이다. 흑9의 활용 후 11의 벌림은 좌하 백진을 위협하는 효과도 겸한다. 백도 12, 14로 흑을 내몰며 우변에 정착해서 팽팽한 포석 흐름이다.

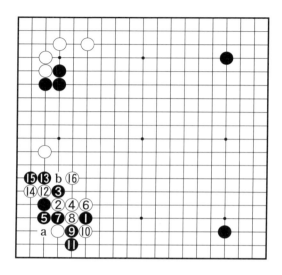

실전 4

이번에도 세칸협공에서 흑1의 눈목자씌움.

흑3, 5에 백6으로 누르고 이하 흑11 때 백12의 끊음은 사석작전인데, 백16은 a로 바꿔치기가 무난했다.

흑도 b자리가 전체 국면의 요소인데~

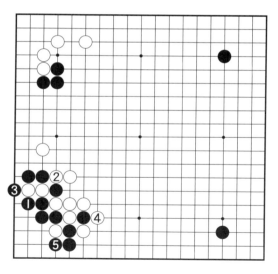

실전 계속

흑1로 두점을 잡고 5까지 귀도 접수했지만, AI 관점에서는 백이 중앙을 봉쇄해서 약간 두터운 타협으로 본다.

바둑 일류의 심오하고 창조적인 판세 읽기

진격의 중반전

352쪽 | 목진석 감수 · 이하림 편저

바둑의 드라마틱한 중반전에 프로 일류는 어떻게 판세를 읽어가는가? 프로 고수의 실전보에서 재료를 발췌해 중반의 긴 과정을 따라가면서, 형세판단을 곁들여 나타날 수 있는 다양한 장면들을 보여준다.

이기는 바둑 시리즈

01 기본정석으로 강자가 되어라

272쪽 | 목진석 감수 · 백재욱 지음

귀의 화점과 소목에서 기본적이고 중요한 변화를 익힌다면 정석을 거의 마스터했다고 봐도 좋다. 그러므로 바둑에 강해지려면 화점과 소목의 기본정석을 마스터하라!

02 기본포석으로 승자가 되어라

276쪽 | 목진석 감수 · 백재욱 지음

최근의 포석은 처음부터 공간 전체를 활용하는 발상이 트렌드다. 그 과정에서 치열한 전투가 일어나기도 한다. 그럴수록 기본에 바탕을 둔 포석 감각을 익혀라. 그것이 안전하게 이기는 길이다.

03 기본행마로 감각을 키워라

276쪽 | 목진석 감수 · 이하림 지음

바둑은 효율이다. 효율적인 바둑을 두려면 부분적인 모양에서의 행마의 길과 쓰임새, 전체적인 안목에서의 급소와 행마법을 익혀야 한다. 이런 행마의 감각을 키워 실전에서 적절히 구사해보자.

04 기본전략으로 판을 지배하라

268쪽 | 목진석 감수 · 이하림 지음

정석은 주로 귀의 변화, 포석은 귀를 토대로 한 변의 변화가 핵심이라면, 전략은 중앙까지 염두에 둔 입체적 실전적 개념이다. 그야말로 야전(野戰)이다. 이제 야전의 세계로 들어가 보자.

05 기본사활로 수읽기에 강해져라

272쪽 | 목진석 감수 · 이하림 지음

전체 판을 주도하려면 부분전투에 능해야 하고 그런 능력을 키우려면 수읽기에 강해져야 한다. 사활은 그 첩경이다.

06 기본맥점으로 수보기에 강해져라

272쪽 | 목진석 감수 · 이하림 지음

바둑 한 판의 과정에는 다양한 맥이 숨어있다. 이런 맥을 찾는 학습으로 수를 빨리 보는 힘을 기르면 판의 급소를 읽으며 각종 전투에서 승리할 수 있다.

07 기본변칙수로 위기를 돌파하라

272쪽 | 목진석 감수 · 이하림 지음

바둑은 정석대로만 두어서는 이길 수 없다. 그 과정에는 온갖 변칙적인 수법이 도사리고 있다. 이런 위기를 극복하고 살아남으려면 불의의 변칙수를 응징하고 때로는 상황에 맞는 정의의 변칙수를 구사해 어려운 판세를 돌파해야 한다.

08 기본끝내기로 판을 뒤집어라

272쪽 | 목진석 감수 · 이하림 지음

바둑은 마라톤과 같아서 단번에 승부가 나지 않는다. 종반 역전의 짜릿함을 맛보려면 불리한 국면이라도 무모한 행동을 삼가며 때를 기다리는 인내심이 필요하다. 그런 절대 기회가 생겼을 때 끝내기의 묘미로 판을 뒤집어보자.

왕초보 바둑 배우기 시리즈

왕초보 바둑 배우기 1. 입문하기
238쪽 | 조창삼 지음
바둑을 처음 접하는 분들이 배워야 할 규칙과 기본 기술을 이해하기 편한 대화 형식으로 거침없이 풀었다.
1권을 마치면 누구랑 두어도 당당할 것이다

왕초보 바둑 배우기 2. 완성하기
236쪽 | 조창삼 지음
'입문하기 편'을 마친 분들이 배워야 할 부분 기술과 행마를 이해하기 편한 대화 형식으로 거침없이 풀었다. 2권을 마치면 부분 전투에 자신이 붙어 바둑의 묘미를 느낄 것이다.

왕초보 바둑 배우기 3. 대국하기
240쪽 | 조창삼 지음
'완성하기 편'을 마친 분들이 배워야 할 초반의 포석, 중반의 전투, 종반의 끝내기 등 바둑의 한 판 과정에서 필요한 핵심 기술을 초심자의 눈높이에서 보여준다.

| AI 최강 바둑 시리즈 |

최강 입문

인공지능 바둑시대 원리를 알고 파헤쳐 단숨에 바둑 두기! 초급자도 생각의 틀을 잡는 필독 입문서!

01 규칙편 264쪽 | 이하림 지음 · 진동규 감수

02 기술편 264쪽 | 이하림 지음 · 진동규 감수

최강 정석

인공지능 바둑시대 정석에서 진화된 수법 총정리! 혁신적인 AI의 안목으로 고정관념을 깨라!

01 화점 기본편 320쪽 | 이하림 지음 · 김일환 감수

02 화점 협공편 276쪽 | 이하림 지음 · 김일환 감수

03 소목 정석편 304쪽 | 이하림 지음 · 김일환 감수

최강 포석

인공지능 바둑시대 포석에서 진화된 수법 총정리! 혁신적인 AI의 안목으로 고정관념을 깨라!

01 화점 포석편 320쪽 | 이하림 지음 · 김일환 감수

02 소목 포석편 320쪽 | 이하림 지음 · 김일환 감수

최강 전투

인공지능 바둑시대 국면을 주도하는 능률적 전투 요령! 혁신적인 AI의 안목으로 고정관념을 깨라!

280쪽 | 이하림 지음 · 김일환 감수

| AI 바둑 핸드북 시리즈 |

바둑입문

원리를 알고 파헤쳐 단숨에 바둑 두기!

화점정석

AI시대 정석에서 진화된 수법 총정리!